커피와 인류의 요람,
에티오피아의 초대

커피와 인류의 요람,
에티오피아의 초대

인문지리학자가 소개하는
에티오피아 문화, 역사,
관광의 첫걸음

윤오순 지음

커피와 인류의 요람, 에티오피아를 아시나요?

세계 지도를 펴놓고 아프리카를 찾아보면 북동쪽 근방에 뾰족한 뿔 모양을 한 대륙 에티오피아가 보인다. 에리트리아, 지부티, 수단, 남수단, 케냐, 소말리아는 에티오피아의 이웃 나라이다. 이집트도 에티오피아에서 아주 가깝다. 아프리카에 대해 잘 모르는 것처럼 우린 에티오피아에 대해서도 그리 많은 정보를 가지고 있지 않다. 맨발로 마라톤에서 금메달을 딴 아베베의 나라, 세계 최빈국으로 UN이나 NGO단체의 지원이 없으면 살지 못하는 나라, 에이즈 천국의 나라, 이 정도가 우리가 에티오피아에 대해 알고 있는 정보 전부가 아닐까 싶다.

에티오피아의 정식 국명은 에티오피아 연방민주공화국Federal Democratic Republic of Ethiopia으로 대한민국의 5배 정도 되는 땅덩어리에 현재 1억 명이 살고 있다. 아프리카 대부분의 나라가 영국이나 프랑스로부터의 오랜 식민지 경험이 있는 것에 반해 에티오피아는 이탈리아에 잠깐 점령당한 것이외에는 식민지 경험이 없다. 그리고 아프리카에서 유일하게 암하릭어 Amharic(현지어로 '아마릉냐')라는 고유의 문자를 사용하고 있다. 에티오피아의 공식 언어는 이 암하릭어와 영어인데 간판 등에는 이 두 가지 언어를 병기하고 있다.

에티오피아는 한국전쟁 당시 아프리카에서는 유일하게 6천여 명의 지상군을 파견한 나라이다. '깍뉴부대'라고 불리던 에티오피아 참전용사들은 황제의 근위병들로 단 한 명의 포로도 없이 전장에서 용감하게 싸웠으며, 전쟁이 끝난 후 잔류 부대원들은 비무장지대 근방에 고아원을 만들어 당시 전쟁고아들을 돌보기까지 했다. 지금은 우리가 한국국제협력단 KOICA의 봉사단원 파견을 비롯해 정부차원에서 혹은 각종 NGO 및 선교단체들이 에티오피아를 음으로 양으로 도와주고 있지만 불과 50여 년 전에 에티오피아가 우리를 도와주던 시절이 있었다.

아프리카 대부분의 나라는 고유의 토착종교를 가지고 있는 것으로 잘 알려져 있다. 그러나 이슬람교도 북아프리카 정도까지만 포교가 되었다는 아프리카에 수백년 동안 번성했던 기독교 왕국이 있었으니 그곳이 바로 에티오피아이다. 교리상의 차이로 서구 기독교 문화와는 단절된 에티오피아만의 독특한 기독교 문화를 형성해 왔는데 현재 약 43%가 에티오피아 정교회 신자이고 이를 바짝 뒤쫓는 게 이슬람교 신자이다(약 34%). 전설에 따르면 에티오피아 최초의 왕조인 악숨^Axum 왕조는 이스라엘의 솔로몬 왕과 시바여왕의 후손이라고 한다. 이들 사이에 태어난 메넬릭^Menelik 1세가 에티오피아의 초대 황제라고 한다. 랄리벨라^Lalibela 교회군(거대한 돌 하나를 통째로 깎아 만든 교회들)을 비롯해 악숨 오벨리스크, 곤다르^Gondar 등 에티오피아 곳곳에는 기독교 문화유산을 비롯해 지난날의 번성을 짐작케 하는 문명의 보고들이 많이 남아 있고, 이들 중 대부분은 유네스코 세계문화유산으로 등록되어 있다.

에티오피아는 또한 커피의 발상지이기도 하다. 에티오피아를 설명할 때 빼놓을 수 없는 것 중의 하나가 바로 이 커피로 에티오피아 경제의 중심이기도 하다. 2015년 에티오피아 농업부 자료에 따르면 수출량의 40%를 차지하는 품목은 농산물이며, 그 중 1위 품목이 커피였다. 에티오피아 사람들은 커피를 '분나'라고 하며, 독특한 의식을 통해 커피를 마신다. 이를 '커피 세리모니'라고 하는데 에티오피아에서는 어디서나 쉽게 볼 수 있는 장면이다. 에티오피아의 국립박물관에 가면 그들이 자랑하는 '루시'를 만날 수 있다. 에티오피아가 인류문명의 발상지라고 주장하는 것도 이 '루시' 때문인데, 박물관 지하 한 켠에 350만 년전 인류 화석인 '루시'의 뼈 조각들을 전시해놓고 있다.

그간 우리가 알고 있는 미디어란 미디어는 온통 에티오피아의 가난과 기근밖에 보여 준 적이 없어서 비행기가 착륙할 공항이나 있을까 하는 심정으로 에티오피아에 도착했던 기억이 난다. 그러나 그곳도 사람이 사는 곳이었다. 조금만 들여다보면 이 나라가 얼마나 매력적인가 알 수 있을 텐데도 우리가 아프리카에 대해 무지한 것처럼 에티오피아라는 나라에 대해서도 그간 무관심으로 일관한 면이 없지 않다. 국경을 맞대고 있는 소말리아와 에리트리아와의 불안한 관계가 지속되고 있지만 에티오피아는 아프리카의 허브로서 여전히 그 존재가치를 무시할 수 없는 곳이다.

2003년 국내의 한 비영리기구의 편지 번역 자원봉사를 한 적이 있다. 후원자와 아동이 주고받는 편지를 한국어 혹은 영어로 번역하는 일이 주 업무였는데 그때 내게 배달된 편지들은 모두 에티오피아에서 온 것들이었다. 커피가 유명한 줄은 알았지만 당시 인제라가 그들의 주식인지도 몰랐고, 짚을 엮어 가옥의 지붕을 잇는 줄도 몰랐다. 본인 이름을 먼저 적고, 아버지, 할아버지 이름을 나란히 같이 적는 줄도 그때는 몰랐다. 그렇게 나와 에티오피아의 인연은 시작되었고, 기회가 되면 언젠가 에티오피아에 가보고 싶다는 꿈을 막연히 꾸었다.

2006년 강원도 화천에서 진행하는 세계 평화의 종鐘공원 프로젝트를 진행하면서 에티오피아에 홍보대사로 방문할 기회를 얻었고 드디어 꿈에 그리던 에티오피아에 다녀올 수 있었다. 그때 이후 10년이라는 시간이 흘렀고, 에티오피아 커피 투어리즘을 주제로 일본에서 석사를, 같은 주제로 영국에서 박사를 마쳤다. 기회가 되면 에티오피아에 한 번 가야지 했던 나는 2016년 현재 에티오피아 지역연구자가 되어 한국 대학의 아프리카 연구소에서 에티오피아에 관한 연구를 하고 있다.

2006년에 에티오피아를 방문하면서 서울신문 인터넷판에 "13월의 태양이 뜨는 나라, 에티오피아"라는 타이틀로 48회 연재기사를 쓴 적이 있는데 10년 만에 그 기사들을 정리해 이렇게 책으로 묶게 되었다. 에티오피아에 관심은 많았지만 구할 수 있는 정보가 제한적이어서 오류도 많고, 업데이트가 필요한 정보가 많아 출판을 해준다는 곳만 있으면 내용을 수정해 책으로 묶고 싶은 생각이 간절했다. 나만 아는 잘못된 정보가 수정되지 않고 개인 블로그나 여행 기사들, 정부 보고서 등에 출처없이 소개되는 일이 많았지만 그동안 한국에 있지 않아 남의 일처럼 방관하고 지냈었다.

2016년 한국출판문화산업진흥원의 사업에 응모한 원고 일부가 인문 분야에 선정이 되었고, 덕분에 이 책이 세상에 나오게 되었다. 책에는 당시 신문의 연재기사뿐만 아니라 석사논문, 박사논문을 위해 에티오피아 현지에서 조사했던 이야기, 2016년 여름 한국출판문화산업진흥원의 출판지원금으로 에티오피아에 다녀온 내용도 담았다.

책은 총 6장으로 구성되었다. 제1장은 출발에 필요한 에티오피아 정보 구하기, 예방접종, 비행기 티켓 구입, 비자수속 절차, 가져가면 좋은 것들, 현지 도착 후 할 일 등 실용적인 내용들이다. 제2장은 에티오피아의 문자, 달력, 이름짓는 법 등 독특한 문화에 대한 내용들이다. 제3장은 에티오피아의 다양한 음식문화, 제4장은 알아두면 현지에서 유용한 에티오피아의 사회문화에 대한 내용들이다. 제5장은 에티오피아 커피 산업 및 커피 문화 등에 지면을 할애했고, 마지막으로 제6장은 에티오피아 여행 이야기를 소개했다. 에티오피아에는 세계유산을 포함해 이방인에게 매력적인 관광지가 많은데 이 책에는 일부만 소개하게 되어 많이 아쉽다.

이 책이 나오기까지 도와주신 분들이 많다. 제한된 지면상 다 소개하지 못하지만 아쉬운 마음에 두 분만 언급하고 싶다. 한 분은 당시 서울신문에 재직하고 있던 이호준 기자인데 이 분의 도움이 없었다면 에티오피아에 관한 신문 연재가 시작되지 않았을 테고, 에티오피아에서의 경험을 글로 써서 사람들과 공유할 생각을 못 했을 것이다. 이호준 씨께 깊은 감사를 전한다. 마지막으로 여기저기 흩어져있던 원고를 모아서 새로 다듬어 한 권의 의미 있는 책으로 만들어준 눌민출판사에게 감사드린다.

2016년 10월 20일
윤오순

차 례

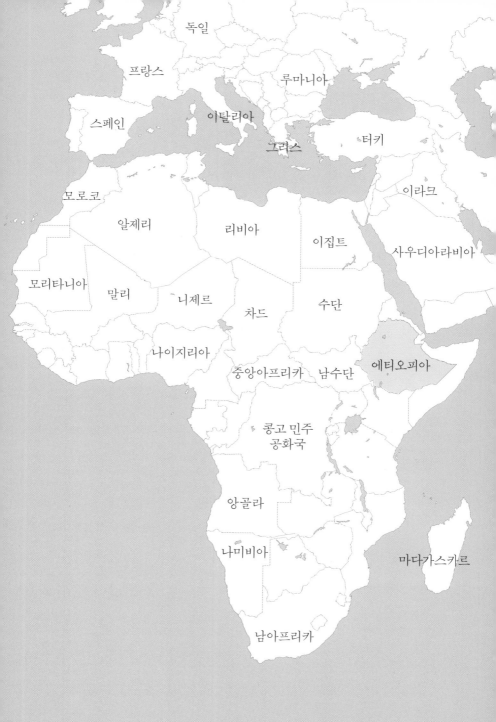

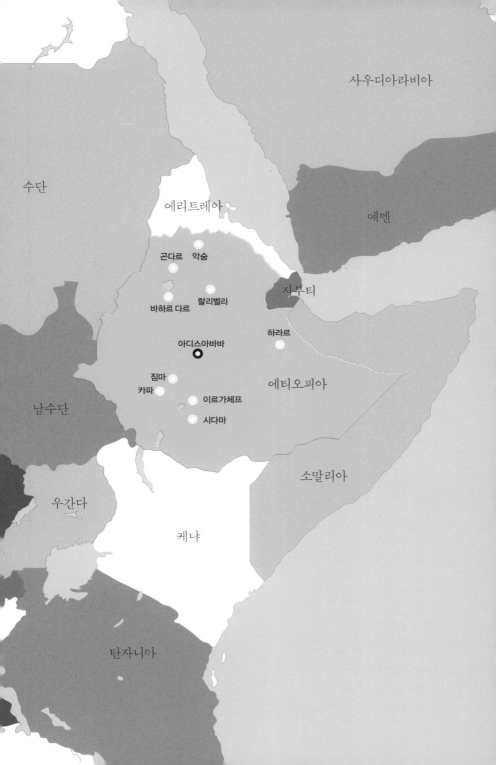

사우디아라비아

수단

에리트레아

예멘

곤다르   악숨

지부티

바하르 다르   랄리벨라

하라르

아디스아바바

에티오피아

짐마

카파

이르가체프

시다마

소말리아

남수단

우간다

케냐

탄자니아

I
출발

에티오피아
정보 구하기

낯선 나라를 여행할 때는 우선 자료수집을 힘껏 한 후 비행기 티켓을 구하는 게 순서일 텐데, 에티오피아에 처음 갈 때 나는 이 과정을 거꾸로 했다. 정해진 날짜에 에티오피아에 가야 했기 때문에 티켓을 먼저 구매했고, 이젠 정말 에티오피아에 간다, 라고 생각하고 그때부터 자료를 수집하기 시작했다. 굳은 마음을 먹고 자료를 찾기 시작했지만 의외로 한국어 자료를 찾기가 힘들었다. 외국어로 된 자료들은 그 언어권 사람들의 관심사 위주로 쓰여지다시피 했기 때문에 한국인인 나와 맞지 않았다. 대표적인 게 론리 플래닛$^{Lonely\ Planet}$에서 나온 여행서이다. 해외 여행을 떠날 때 이 책을 들고 가는 사람들이 많은데 에티오피아 여행 준비에는 별로 도움이 되지 않았다.

제일 만만한 인터넷을 뒤졌다. 신문에 난 기사들이 검색되었는데 그러한 기사 대부분은 전쟁, 기아, 홍수, 에이즈와 관련된 것들로 에티오피아 여행에 대한 매력을 반감시켰다. 당장 필요한 정보들은 한국에서 얼마나 걸리고, 항공료는 얼마이고, 어떤 비행기 티켓이 저렴하고, 지금 계절에 맞는 옷들은 어떻게 준비하면 좋고, 숙소는 어떻게 알아보면 되는지, 그리고 유명한 건 무엇이고, 꼭 가봐야 하는 곳은 어디인지 등이 궁금했는데 검색된 기사들은 내 관심사와 도무지 상관없는 내용들이었다. 요즘은 검색어에 '에티오피아'를 넣으면 내가 이전에 쓴 기사들을 비롯해 개인 여행기, 정부 보고서 등 에티오피아 관련 한국어 정보를 많이 볼 수 있는데 당시는 실속있는 정보를 구하기 어려웠다. 손에 잡히는 정보를 원했는데 출발 전까지 그런 것들은 도무지 눈에 띄지 않았다.

내가 현재 필요한 정보는 없다, 가 결론이었고, 그때부터 눈에 띄는 정보를 메모해 나름대로 정리하기 시작했다. 이러한 접근법이 처음에는 막막하고 아득하게만 느껴졌는데 결과적으로 제일 좋은 방법이었다. 마음에 맞는 여행서를 한 권 딱 들고 떠났더라면 좋았을 텐데 조그만 수첩에 메모한 것들을 정리해 그걸 들고 에티오피아로 떠났다. 현지에서 만난 외국 친구들도 론리 플래닛보다는 나름대로 정보를 챙겨온 쪽이 더 많았다. 잡지에서 오려낸 세계문화유산 사진이나 복사한 시내 지도 등등……. 영어로 된 가이드북을 들고 온 친구들도 더러 있었다. 그 중엔 에티오피아만 다룬 것도 있었고, 에티오피아의 한 지역만 다룬 책들도 있었는데 어쨌거나 다양성의 측면에서 보면 우리보다는 그네들이 낫다는 생각에 부럽기도 했었다. 그 나라에는 미국의 50개 주를 다 외우지만 아프리카에는 도대체 어떤 나라가 있는지 모르는 사람들이 우리보다는 아마도 적을 것 같았다.

나름 오랜 여행 경험에 따르면, 유럽처럼 여행 관련 인프라가 잘 발달된 곳은 유명한 여행서가 도움이 될지 모른다. 왜냐하면 다들 추천하는 내용들이 여행서 안에 포함되어 있기 때문이다. 그러나 오지를 선호하거나 아직 방문객이 많지 않은 곳을 여행할 때는 굳이 여행서에 의존할 필요가 없다. 현지인말고는 내가 그곳이 처음일 때가 많기 때문이다. 이러한 곳을 여행할 때는 여기저기 조사한 내용들을 혼자서 정리해 나름의 여행서를 만드는 게 궁극적으로 더 도움이 된다.

　여행을 다녀와서 얻은 자료인데 출발하기 전에 읽었으면 더 좋았겠다 싶었던 책이 한 권 있다. 1974년에서 1975년까지 2년간 주駐에티오피아 한국대사관에서 근무했던 장재용 대사가 쓴 『혼란과 몰락의 기록』이라는 책이다. 에티오피아가 사회주의 체제를 받아들이는 바로 그 격동의 시기를 담고 있어서 에티오피아를 이해하는 데 도움이 되었다. 참고로 어디서 묵으면 좋고, 식사는 어디서 하면 좋은지 등에 관한 구체적인 여행 정보는 들어 있지 않다.

　지난 여름에 에티오피아에 가면서 같은 비행기 옆자리에 앉은 한국인 대학생이 에티오피아 관련 정보가 너무 없어 출발할 때 고민이 많았다는 이야기를 했는데, 내가 처음 에티오피아에 갈 때보다는 상황이 낫지 않을까 싶다. 최근 에티오피아 혹은 아프리카 여러 지역을 다녀와서 쓴 개인 여행기들이 책으로도 출판되고 있는데 고무적인 현상이다.

예방
접종

현지 여행정보 얻기도 어려웠지만, 예방접종 문제도 혼자 해결하기가 쉽지 않았다. 지하철을 타고 동대문운동장역에서 내려 13번 출구로 나와 조금 걷다 보니 국립의료원 건물이 보였다. 질병에 걸린 것도 아닌데 '국립'이 붙은 병원에 가야 한다는 사실이 처음엔 부담스러웠지만 출발 열흘 전에 국립의료원에서 예방접종을 해야 한다는 이야기를 들었다. 전화로 예약했고, 병원에 도착해서 조금 두리번거리다 해외여행 클리닉을 발견하고 바로 수속을 밟았다. 이름도 거창한 '국제공인 예방접종 교부신청서', '말라리아 진료신청서' 등등 작성할 게 좀 많았다.

상담의사는 에티오피아는 황열병 예방접종을 받지 않아도 되는 국가인데 수도인 아디스아바바가 아닌 다른 지역을 여행할 상황이 발생할지 모르니 주사를 맞아두는 게 좋다고 해서 체크를 했다. 중국에서도 몇 년 있었고, 그 동안 위생상태가 좋지 않은 나라를 여행한 경험이 많아서 A형 간염 예방접종도 맞는 게 어떠냐고 권해서 체크했다. 파상풍은, 장티푸스는? 알았다고 했다. 말라리아는 안 맞느냐고 했더니 그건 주사가 아니라 약을 복용해야 한다고 했다. 그것도 여기서 처방전을 만들어줘야 하는 거 아니냐고 했더니 체크를 하라고 했다.

황열병 예방접종은 반드시 출발 열흘 전에 해야 하는 줄 알았는데 그 전이라도 상관없단다. 황열병 예방주사의 유효기간은 10년, 효과

CERTIFICATE OF OTHER VACCINATIONS
CERTIFICAT D'AUTRES VACCINATIONS

Date	Name of vaccine / Genre de vaccin	Dose	Physician's signature and official position / Signature du médecin et fonction officielle	Stamp / Cachet

INTERNATIONAL HEALTH REGULATIONS
REGLEMENT SANITAIRE INTERNATIONAL

WORLD HEALTH ORGANIZATION
ORGANISATION MONDIALE DE LA SANTE

국제공인예방접종증명서

INTERNATIONAL CERTIFICATES
OF VACCINATION
CERTIFICATS INTERNATIONAUX
DE VACCINATION

No. ....

성명
Issued to }
Délivré à

여권번호
Passport No or }
Travel Document No.
Numéro du Passeport ou
de la pièce justificative

대 한 민 국
REPUBLIC OF KOREA
REPUBLIQUE DE COREE

황열예방접종증명서
INTERNATIONAL CERTIFICATE OF VACCINATION OR REVACCINATION AGAINST YELLOW FEVER
CERTIFICAT INTERNATIONAL DE VACCINATION OU DE REVACCINATION CONTRE LA FIEVRE JAUNE

신증명서는 / This is to certify that / Je soussigné certifie que 출생년월일 / date of birth / née du 년 월 일 / F.

성명
whose signature follows
dont la signature suit

황열병 예방접종후 가증함을 증명함.
has on the date indicated been vaccinated or revaccinated against yellow fever
a été vaccinée ou été vacciné(e) contre la fièvre jaune à la date indiquée

Date	Signature and professional status of vaccinator / Signature ou titre du vaccinateur	Manufacturer and batch of vaccine / Fabricant du vaccin	Official stamp of vaccinating centre / Cachet officiel du centre de vaccination
2006. 8. 11	The National Medical		

본 증명서는 그 접종소가 위치하는 영토의 보건부(기)가 지정한 접종소에서 세계보건기구가 인정한 예방약으로서 시행된 경우에 한하여 유효함. 증명기간은 접종후 10일후부터 또는 10년이내의 재접종일까지 10년간 유효하다.

This certificate is valid only if the vaccine used has been approved by the World Health Organisation and if the vaccinating centre has been designated by the health administration for the territory in which that centre is situated.
The validity of this certificate shall extend for a period of ten years, beginning ten days after the date of vaccination or, in the event of a revaccination within such period of ten years, from the date of that revaccination.
This certificate must be signed in his own hand by a medical practitioner or other person authorised by the national health administrations; his official stamp is not an accepted substitute for the signature.
Any amendment of this certificate, or erasure, or failure to complete any part of it, may render it invalid.

Ce certificat n'est valable que si le vaccin employé a été approuvé par l'Organisation mondiale de la Santé et si le centre de vaccination a été habilité par l'administration sanitaire du territoire dans lequel ce centre est situé.
La validité de ce certificat couvre une période de dix ans commençant dix jours après la date de la vaccination ou, dans le cas d'une revaccination au cours de cette période de dix ans, le jour de cette revaccination.
Ce certificat doit être signé de sa propre main en un autre personne habilitée par l'administration sanitaire nationale; un cachet officiel ne pourra être considéré comme tenant lieu de signature.
Toute correction ou rature sur le certificat ou l'omission d'une quelconque des mentions qu'il comporte peut affecter sa validité.

황열병 카드 커버와 속지

는 100%라고 했다. 여러 날에 걸쳐 나누어 맞아야 하는 주사도 있는데 하루에 이 주사를 다 맞느라 아주 고생했다. 잠자기도 불편할 만큼 주사 맞은 쪽 근육이 며칠이나 욱신거렸다. 주사를 맞고 난 후 간호사가 쇼크 위험이 있으니 병원 내에 30분 정도 머물러 있다 가라 하는 걸 보니 간혹 부작용도 있나 보다. 예방접종 한 가지만 보더라도 아프리카를 가기 위해서는 감수해야 할 일들이 많았다.

'황열병 예방 접종증명서'(Yellow Fever Vaccination Certificate)는 색깔이 약간 오렌지 빛깔을 띠고 있지만 줄여서 '옐로우 카드'라고 부른다. 사실 에티오피아 국내를 여행하면서 옐로우 카드가 필요한 적은 한 번도 없었다. 그러나 공항에서 이 카드 제시가 의무인 나라들이 있기 때문에 사전에 알아둘 필요가 있다. 국내에서 접종하지 않았지만 옐로우 카드가 의무인 나라를 방문하게 될 경우 아디스아바바 시내의 국립 블랙라이온 병원에서 접종 가능하다. 여행객들 중 접종은 하지 않고 불법적으로 거래되는 옐로우 카드를 사는 경우가 있는데 아주 위험한 발상이다.

한국, 일본, 영국에서 에티오피아에 간 적이 있는데 예방접종에 관한 한 영국이 가장 체계적이었던 것 같다. 병원에 가니 일단 어느 지역에 가는지, 체류기간은 얼마인지, 과거 예방접종했던 것들은 무엇인지 상담을 했고, 작은 수첩(Vaccines Record Card)을 하나 만들어줬다. 여기에 하나씩 기록을 해나가며 예방접종을 하기 시작했다. 황열병은 유효기간이 남아 따로 맞지 않았고, B형 간염에 관한 예방접종을 3주에 걸쳐 받았다. 가격은 60파운드 정도(한화로 약 9만원에 해당). A형 간염,

풍토병, 파상풍 관련해서는 각각 1회 접종했는데 모두 무료였다. 광견병 접종은 의무가 아니지만 의사가 권해서 3회에 걸쳐 맞았고, 가격은 120파운드 정도였다. 필요한 예방접종을 다 하는 데 한달 보름 정도 걸린 것 같다. 접종 비용은 현지조사 필수항목으로 전부 학교에서 납부했다.

2016년 여름에 에티오피아에 가면서 다시 국립의료원에 들렀는데 담당의사 선생님과 예방접종과 관련해 이야기를 나눌 수 있었다. 황열병은 법이 바뀌어 전에는 한 번 접종한 후 10년마다 다시 맞아야 했는데 이제는 한 번 접종으로 평생 다시 안 맞아도 된다고 한다. A형, B형 간염의 경우도 항체가 확인되면 평생 다시 안 맞아도 되고, C형 간염의 경우 걸렸는지 여부를 확인하는 방법만 있고, 백신이나 예방법이 따로 없다고 한다. 광견병 접종은 한 번 맞으면 2년간 유효하고, 파상풍은 10년간 유효하다고 했다. 장티푸스의 경우 2년간 유효한데 접종 후 3일간 사우나, 술, 운동을 해서는 안 되고 샤워도 11시간 후에나 가능하다. 참고로 주사 맞은 부위가 욱신욱신하고 종일 피곤하다.

마지막으로 말라리아. 말라리아 약은 위에서 언급했지만 예방약이 따로 없다. 말라리아는 예방접종 주사가 따로 없고, 병원에서 처방해 주는 알약을 먹어야 한다. 말라리아 약은 종류에 따라 복용법이 조금 다르긴 한데 아주 위험지역으로 가는 사람들에게 권장되는 약인 독시사이클린^{Doxycycline}의 경우 다음과 같이 복용하면 된다.

1. 해당 지역으로 여행하기 이틀 전부터 하루에 한 알씩 복용.

2. 도착 후 해당 지역에서 매일 한 알씩 복용.

3. 그곳을 떠난 후 28일간 복용(7일간만 복용하는 약도 있는데 약값이
   두 배 이상 차이 난다).

말라리아 약은 의사의 처방전 없이 살 수 없다. 영국에서는 부츠^{Boots}
같은 데서 처방전을 제시한 후 구입이 가능하고 인터넷에서 사면 많이
싼데 이때도 처방전에 적힌 코드가 필요하다(참고 사이트 : http://www.
chemistdirect.co.uk/malarone_v_4011.html). 효과가 거의 95% 이상이
라고 하는 애터배퀸^{atovaquone}의 경우 한 알에 3.90파운드. 6개월을 험지
險地만 돌 경우 말라리아약을 7개월 복용해야 하는데 가격이 영국에서
에티오피아 왕복 항공권 가격보다 비싸다. 말라리아약의 대표적인 부
작용에는 두통, 구토가 있고, 복용 기간에는 피부가 예민해지기 때문
에 강한 햇볕에 노출되지 않도록 피부 관리에 특히 신경 써야 한다. 알
코올이 들어가면 복용 효과가 떨어진다.

예방접종과 말라리아약 외에 챙길 게 하나 더 있다. 모기나 벼룩 같
은 벌레에 물렸을 때 바르는 약을 하나 정도 준비해 가는 것이 좋다. 현
지에서는 벌레에 물렸을 때 암하릭어로 '로미'라고 하는 레몬을 민간
요법으로 많이 사용한다. 그러나 필자의 경우 한국에 살면서 이런저런
강한 의약품들에 내성이 생겨서인지 벌레에 물렸을 때 로미는 별 효과
를 못 봤다. 그리고 벼룩에 물렸을 경우 약을 바른다고 해서 당장에 큰
효과를 보는 것은 아니지만 현지에서는 그나마도 구하기 어렵기 때문
에 있으면 요긴하다.

이렇게 하면 에티오피아로 출발하기 전의 예방접종 관련 준비가 대충 끝난 셈이다.

비행기
티켓

처음 에티오피아에 가기로 작정한 후 티켓은 출발 한 달 전에 구입했다. 출발 날짜에서 멀어질수록 항공권 가격이 싸다는 건 상식이지만 결정한 후 발빠르게 움직이기 시작한 게 한 달 전이었다. 주변에 에티오피아에 다녀온 사람이 없어 혼자 알아볼 수밖에 없었다. 그동안 에티오피아를 다녀온 선교사나 한국국제협력단의 봉사단원들, 상사주재원들, 대사관 관계자들이 많을 텐데 어디서도 속 시원하게 항공권 가격대며 비행 소요 시간에 대해 알려주는 곳이 없었다.

우선 아프리카지역 여행을 취급하는 여행사를 대상으로 대충 가격을 알아봤다. 100만원대 이하의 왕복티켓은 거의 발견할 수 없었다. 3개월 정도 여행할 경우 할인항공권은 100만원에서 200만원 정도로 대충 가격에 대한 감을 잡았다. 그러나, 경유지가 어디냐에 따라 가격차이가 많이 났고, 걸리는 시간 차이도 컸다. 인천에서 아디스아바바까지 직항이 없었기 때문에 꼬박 이틀은 잡아야 했는데 일단 경유지를 정할 필요가 있었다. 그리고 비행기를 갈아타는 횟수도 정해야 했다.

에티오피아에 가는 방법으로는 여러 가지가 있는데 인천을 출발해 홍콩이나 방콕을 경유해 도착할 수 있다. 유럽에서는 독일의 프랑크푸르트를, 아프리카 항공편을 이용할 경우 남아프리카공화국의 요하네스버그나 케냐의 나이로비를 경유하는 방법이 있다. 이집트 항공이나 터키 항공을 이용할 경우 카이로나 이스탄불을 덤으로 여행할 수 있다. 두바이를 경유해서 아디스아바바에 도착할 수 있는데 두바이에서 아디스아바바까지 비행시간은 4시간 정도다.

한국에서 처음으로 에티오피아를 여행할 때 직항이 없어 에미레이트 항공을 이용했는데, 2013년 6월 에티오피아 국영항공사인 에티오피아 에어라인이 주 3회(화, 목, 토) 인천-홍콩-아디스아바바 운항 노선을 열어 에티오피아 여행이 이전보다 조금 수월해졌다. 2016년 여름에는 아시아나를 타고 방콕까지 가서 거기서 에티오피아 에어라인을 타고 아디스아바바 볼레공항에 도착했다. 가격은 110만원대. 가격이 저렴한 이유도 있었지만 에티오피아를 들어갈 때 에티오피아 에어라인을 이용하면 에티오피아 국내에서 국내선을 이용할 경우 할인제도가 있다. 국내선은 외국인과 현지인(아이디 카드를 가지고 있는 외국인 포함)에게 다른 요금이 적용되는데 에티오피아 에어라인 국제선 이용실적을 보여주면 현지인 요금으로 할인받을 수 있다.

참고로 에티오피아 에어라인은 아프리카 최대 항공사로 대대적인 홍보를 하고 있지만 국내선의 경우 좌석이 지정되지 않아 탑승을 되도록 일찍 하는 것이 유리하고, 승객이 찰 때까지 기다려야 하는 경우가 많으며, 예고없이 결항할 때도 있다. 드물지만 승객이 적을 때 일단 이륙을 했다가 경유지가 아닌 곳에 들러 손님을 태우는 경우도 있다.

비자수속
절차

항공권을 끊었으니 이제 비자를 알아보자. 에티오피아는 우리나라와 사증 면제협정이 체결되어 있지 않아 입국시에 비자를 제시하거나 공항에서 비자를 발급받아야 한다. 비자 발급시 체류목적에 따라 준비해야 하는 서류가 다르다. 일단 입국 후에는 체류자격 변경이 힘들기 때문에 처음에 체류 목적에 맞는 비자가 무엇인지 잘 알아보고 신청하는 것이 좋다.

2002년에 주한駐韓 에티오피아대사관이 철수해 필자가 처음 에티오피아에 갈 때는 에티오피아대사관이 있는 도쿄나 베이징에서 비자를 받거나 아니면 아디스아바바 공항에서 직접 받아야 했다. 당시 3개월 유효한 도착비자 발급시 현지 공항에서 미화 20달러를 요구했다.

2012년 4월 에티오피아대사관이 서울에 재개설되어 한국에서도 체

볼레공항 전경

류목적에 맞는 비자를 발급받을 수 있게 되었다. 관광이나 비즈니스가 아닌 취재목적의 경우 준비 서류는 좀 더 복잡하다. 한국에서 비자관련 서류처리 기간은 3~4일에서 최대 일주일이 걸리며, 비자발급 수수료는 미화 현금으로만 받는다.

관광비자의 경우 예전에는 도착비자를 받기가 어렵지 않았으나 최근에는 이유없이 거부하는 경우가 있어 입국 전 발급받는 게 좋다. 2006년 미화 20달러였던 도착비자는 2016년 미화 50달러로 올랐다. 연구목적으로 방문할 경우 관광비자를 소지하면 인터뷰 등에 제한을 받을 수 있다. 뜬금없이 비자를 보여달라는 기관들이 있으니 낭패를 당하지 않으려면 체류목적에 맞는 비자를 소지해야 한다. 필자의 경우 유학 중 현지조사를 위해 에티오피아를 방문할 때는 출발 전 현지대사관을 통해 상용비자를 미리 발급받았다.

입국시 여권에 스탬프를 찍어주는 나라들이 많은데 긴 시간 줄을 세워놓고 여권 한 면을 다 차지하는 스티커를 붙여주는 나라들도 있다. 스탬프가 아닌 스티커를 붙여주는 나라들은 몇 번 다녀오면 금방 여권을 바꿔야 하는데 에티오피아가 그런 나라들 중 하나이다. 입국 전에 받은 비자든, 도착 후 공항에서 받은 도착비자든 무조건 스티커 형태이다.

주¹대한민국 에티오피아대사관뿐만 아니라 다른 나라의 에티오피아대사관도 홈페이지 관리를 제대로 하지 않아 접속이 안 될 때가 많다. 홈페이지에 올라온 정보라도 시기가 지난 정보가 많으니 비자수속시 담당자와 통화를 해서 확실한 정보로 비자를 받는 게 안전하다.

짐 싸기와
그외 가져가면 좋은 것들

자료수집과 예방접종도 끝냈고, 항공권과 비자까지 준비되었다면 이제 에티오피아로 출발하는 일만 남았다. 그러나 그 전에 꼭 해야 할 일이 하나 남았으니 바로 짐 싸기.

한국에서 여름(7~8월)에 출발할 경우 현지는 대우기大雨期라 날마다 비 구경을 해야 한다. 비록 대낮에 스콜 같은 소나기가 쏟아지지만 비가 지나가면 금세 다시 뜨거워진다. 아디스아바바와 같이 고산지대는 여름에도 춥기 때문에 두툼한 옷을 한두 벌 준비해 가는 게 좋다. 햇볕이 좋아 빨래는 그날 빨아 그날 입을 수도 있다. 호텔에서 세탁서비스를 이용하는 경우, 아침에 세탁을 맡기더라도 급행료 지불 없이 그날 오후에 옷을 찾아 입을 수 있다. 세탁기가 아직까지 널리 보급되지 않은 탓에 이곳 사람들은 대부분 손빨래를 한다.

에티오피아의 11월부터 1월은 비가 거의 오지 않는 냉건기로, 밤 기온은 섭씨 5~6도까지 떨어진다. 한낮은 햇볕이 쩅쩅해 여전히 뜨겁지만 건기에는 밤 기온이 쌀쌀해진다. 현지인들은 일종의 스카프인 '네뗄라'를 목에 두르고 다닌다. 이 에티오피아 스카프는 접으면 목도리 대용으로 안성맞춤이고, 펼치면 기내에서 제공하는 모포처럼 커서 휴대용 담요처럼 사용할 수 있다. 그리고 가랑비가 올 때는 우비 역할도 쏠쏠히 해낸다.

현지조사를 갈 때는 편한 신발을 한 개 더 챙겨 넣고, 티셔츠를 여러 장 사 갔는데 이게 현지에서 아주 요긴하게 쓰였다. 방문객들이 현지인들에게 학용품을 나눠주는 경우가 많은지, 돌아올 때 볼펜이나 노트를 달라는 현지 친구들에게 이 티셔츠를 한 장씩 선물했다. 처음에는 입던 옷이라 현지인들에게 주기가 민망했는데 그쪽에서 먼저 아주 익숙하게 "기념품은 이런 게 더 의미가 있다"고 한마디씩 거들어줘 이제는 여행 가기 전 짐 쌀 때 아예 일부러 몇 장씩 더 챙긴다. 그리고 돌아올 때 빈 가방에는 자료들을 가득 담아 온다.

노트북을 따로 챙기고 읽을 책과 자료들을 집어넣으면 그래도 가방이 제법 묵직하다. 대개 이코노미클래스 제한 무게는 20킬로그램이지만 인천에서 출발하는 에티오피아 에어라인의 경우 20킬로그램 가방 두 개를 인정해준다. 일본에서 유학할 때 도쿄에서 두바이로 직접 가는 비행기가 없어 간사이 공항을 경유해 간 적이 있는데 수하물 제한 무게가 좀 웃겼다. 도쿄에서 간사이까지는 20킬로그램 제한이었으나, 간사이에서 두바이까지는 60킬로그램까지 허용되는 것이 아닌가.

마지막으로 에티오피아를 여행하면서 꼭 챙기면 좋은 것들을 몇 가지 소개한다. 우선 쉽게 접을 수 있는 모기장. 아디스아바바에서는 말라리아에 대한 공포가 덜한데 지방에서 수십 마리의 모기들이 방 안을 붕붕 날아다니면 그 날 잠은 다 잤다. 벽의 못이든 문고리든 대충 걸어 놓고 그 안에 들어가면 그래도 안심하고 잘 수 있다.

살점을 뜯는 빨간 개미떼나 벼룩 등의 공격을 피하려면 바짓단이 여며지는 바지가 좋다. 숲에 들어갈 경우 모양새가 우스워도 양말 속에 바지를 집어넣는 것이 곤충떼의 습격을 피하는 좋은 방법이다. 대학생들이 여름방학을 맞아 에티오피아에 가게 될 경우 대우기철인데 운이 나빠 비가 새는 호텔에 머물 수도 있다. 짐들을 젖지 않게 하려면 큰 사이즈의 비닐을 준비해 외출시 소지품을 덮어두면 좋다. 정전이 되는 곳이 많으니 작은 손전등도 하나 준비해 가면 매우 유용하다.

모기장, 비닐, 손전등 등은 현지에서도 구할 수 있다. 그러나 처음 방문하는 경우 현지에서 말도 통하지 않고 가게 찾기도 쉽지 않으니 수도에서 오래 머물지 않으면 미리 준비하는 게 좋다. 수도에서 오래 체류할 경우 볼레나 피아사 등지의 큰 수퍼마켓 등에서 웬만한 물건들은 구입할 수 있으니 한국에서 너무 많이 준비해 가지 않아도 된다. 가격이 비싸서 그렇지 아디스아바바에는 한국 식당이 세 군데나 있고, 수퍼마켓 등에서는 한국산은 아니지만 컵라면도 구할 수 있다. 여행 떠날 때 가벼워야 할 것은 마음만이 아니다. 짐은 단출한 게 좋다.

현지 도착 후
할 일들

입국 전에 비자를 발급받았다면 세관수속을 마치고 공항을 나오면 된다. 도착비자를 받을 경우에는 공항 안에서 좀더 시간을 지체해야 한다. 공항을 나왔다면 택시들이 즐비하게 기다리고 있을 텐데 아프리카를 처음 경험하는 사람들이라면 현지인들의 호객행위가 공포스러울 수가 있으니 마음의 준비를 단단히 해둘 필요가 있다.

투숙할 호텔이나 현지의 아는 사람들이 공항까지 마중을 나오지 않는다면 시내까지 가는 방법은 호텔의 무료셔틀 아니면 대중교통이다. 공항 근처에 호텔이 있다면 걸을 수도 있지만 스마트폰의 지도를 보면서 길을 찾기란 아직 쉽지 않다. 택시는 출발 전 적절한 흥정이 필요하다. 공항을 빠져 나오면 아디스아바바의 대표적인 대중교통 수단인 승합차가 즐비하게 기다리고 있는데 그걸 타도 된다. 요금은 거리에 따라 다양하다. 가까운 거리는 1.5비르birr에서 좀 먼 곳은 10비르를 낸다(1비르는 약 51원. 2016년 11월 기준). 처음 에티오피아를 방문하는 사람들은 대중교통을 이용하는 것이 큰 모험처럼 생각되겠지만 가격이 저렴하니 가급적 빨리 버스 타는 법을 익혀 가까운 거리는 버스로 이동하는 것을 추천한다.

영어로 목적지가 표시된 버스들도 최근에 등장했지만 오렌지색 외관에 사자가 그려져 있는 대형버스는 1비르. 정거장은 있지만 버스 번호가 따로 표시되어 있지 않아 노선은 주변에 물어봐야 한다. 우리나라 봉고차 모양인 흰색과 파란색 외관의 승합차는 암하릭어로 노선표시를 한 차들도 있지만 대개는 버스 차장이 문에 기대어 목적지와 경유지를 외치며 손님을 부른다. 아디스아바바를 벗어나는 장거리 버스의 경우 버스터미널이 정해져 있으니 그곳에 가야 탈 수 있고, 최근의

사고 난 버스. 버스가 한 번 퍼지면 언제 떠날지 예측하기 힘들다.

대도시행 장거리 버스. 전에는 SKY버스 한 회사만 운영했는데 지금은 여러 회사에서 운행 중이다.
일반 장거리버스보다 가격은 비싸지만 쾌적하게 여행할 수 있다.

정원은 20명 선인데 대개 40명 이상 탄다. 요즘은 중간에서 검문하는 경찰이 있어 입석을 보기는 힘들다.

일반 시내에서도 볼 수 있지만 장거리 노선도 운행한다.

우등버스들은 가격이 일반 장거리 버스보다 비싸지만 음료와 스넥을 제공한다. 장거리 버스는 당일이 아니라 전날 표를 끊어야 하고, 대개 대중교통이 다니지 않는 이른 새벽에 출발하니 일찍 호텔을 나서야 한다. 이른 시간에 택시를 타야 하고, 미리 표를 끊어야 하는 불편함이 있지만 아침에 버스를 타면 남부 짐마에 점심시간이면 도착한다.

대중교통을 이용할 때는 소매치기를 조심해야 한다. 어리숙하게 승합차 앞에서 목적지를 노출했다가 '프로젝트형 소매치기' 버스에 당하는 수가 있는데 정말 눈 깜짝할 새 일어난다. 내가 탈 자리 하나만 남겨두고 손님을 가득 태운 승합차가 내가 가는 목적지를 외치며 내 앞에 서면 부지불식간에 버스를 타게 되어 소매치기 버스에 '딱' 걸려들게 되는 것이다. 버스 안에는 어린 아이도 있고, 노인들도 있어 의심할 여지가 없고, 누군가 내게 말을 시킬 테고 그 사이 나도 모르게 가방이 털리는 것이다. 이런 '프로젝트형 소매치기'에 안 걸리는 방법은 버스 차장의 손에 잔돈이 잔뜩 있는지, 손님들이 이미 채워진 게 아니라 내 앞에서 채워지는지 눈치껏 확인하면서 타는 것이다.

무사히 호텔에 도착했다면 체크인 전에 방을 둘러본 후 예약한 방보다 가격이 저렴하거나 더 좋은 조건의 방이 있으면 방을 변경해도 된다. 첫 날부터 베드버그bedbug(빈대)나 벼룩을 잔뜩 만날 수 있는데 호텔을 바꾸지 않는 이상 방을 바꾼다고 문제가 해결되지 않는다. 호텔에서 무료 인터넷이 안 되는 곳이 많은데 2~3일 체류가 아니라 한 달 정도의 장기체류시에는 현지 심카드를 사서 인터넷을 쓰는 방법이 있다. 심카드는 에티오 텔레콤Ethio Telecom을 직접 방문해 개설해야 하고, 충전

현지에서 구비 가능한 비상식량

은 일반 가게에서 필요한 금액만큼 하여 사용할 수 있다.

　나는 어느 나라에 가든 호텔에 짐을 풀면 가까운 수퍼마켓에서 생수와 과일, 견과류 등을 사서 호텔 방에 비축해놓는 습관이 있는데 에티오피아에서도 마찬가지다. 생수, 과일, 견과류는 물론 샴푸, 치약 등을 도착한 날 구입한다. 처음 장기간 조사할 때는 생리대도 현지에서 구입했는데 면 생리대를 쓰고 난 후에는 생리대 구입은 현지에서 하지 않는다. 수돗물이 좋지 않아 양치질도 생수로 하는 외국인들이 많은데 나는 그 정도로 장이 예민하지 않아 양치질은 아직도 그냥 수돗물로 한다. 식당에서 샐러드도 그냥 시켜 먹는데 장이 예민한 사람은 피하는 게 좋다. 장에 탈이 나면 가까운 클리닉에 가서 진료를 받는 방법도 있고, 내 경우는 병원에 가는 대신 이틀 정도 생수만 마시고 장을 비운다. 이틀 정도 굶으면 장도 진정되고 식욕도 어느덧 돌아와 다시 예전처럼 식사를 할 수 있게 된다.

　아프리카에 가면 양치질도 그냥 하지 말고, 샐러드도 먹지 말고, 채소도 먹을 생각을 하지 말라는 이야기를 많이 듣는다. 나는 현지조사가 끝나면 으레 선진국으로 돌아온 기념으로 구충제를 복용하고 있다. 대신에 여름이라고, 아프리카에 갔다고 짧은 소매 옷을 입거나 슬리퍼를 신고 외출하지는 않는다. 경험상 말라리아나 들어본 적 없는 벌레들의 공격에 대비하는 가장 좋은 방법이라서 언제나 실천하고 있다.

II
유니크 에티오피아

원더풀,
아마릉냐!

에티오피아의 언어는 70여 개로, 이를 다시 방언으로 세분화할 경우 200개가 넘는다. 오늘날 에티오피아의 공식 언어는 암하릭어^{Amharic}(현지어로는 '아마릉냐')이다. 중국의 '보통화^{普通话}(보통 북경어)'가 56개 민족을 하나로 묶는 데 큰 역할을 하는 반면, 암하릭어는 에티오피아에서 그 영향력이 크지 않은 듯하다. 행정기관을 비롯해 많은 공공 장소에서 공식적으로 이 암하릭어를 사용하고 있지만 에티오피아 남부에서는 오로모족(전체 인구의 약 35%)의 오로모어(오로모어로는 '오로미파')가, 북부에서는 티그레이족(전체 인구의 약 6%)의 티그레이어(티그리냐)가 여전히 강세를 보이고 있다. 표준 암하릭어는 수도 아디스아바바보다 오히려 암하라족(전체 인구의 약 27%)이 대다수를 차지하고 있는 바하르다르 말이라고 할 수 있다. 아디스아바바에는 지방 출신의 사람들이 많은 만큼 암하릭어의 발음 또한 제각각이다.

　암하릭어는 게에즈^{Ge'ez}라는 문자를 그 기원으로 하는데, 이것은 에티오피아 정교회에서 오래 전부터 사용되어 온 문자로, 다른 셈족계 언어와 달리 왼쪽에서 오른쪽 방향으로 글자를 써 내려간다. 에티오피아는 아프리카 국가 중 드물게 구전이 아닌 문자로 기록된 역사를 보유하고 있는데 이는 암하릭어라는 고유 문자 덕분이었다. 게다가 약 5년간의 이탈리아 점령기간 외에는 여타의 아프리카 국가들처럼 강대

게에즈 성경

국의 식민지 경험이 없어 지금까지도 고유의 문자를 그대로 사용하고 있다. 이것에 대한 에티오피아인의 자부심은 대단하다. 1698년에 이미 암하릭어-라틴어 사전이 출판될 정도로 암하릭어는 자국에서만이 아니라 외국에서도 오래 전부터 통용된 언어였다.

자음 33자, 모음 7자(어, 우, 이, 아, 에, 으, 오)의 표음문자로 구성된 암하릭어는 어순이 한국어와 비슷하다. 초보자는 우리말에 없는 약 40여 개의 파열음을 익히느라 애를 먹기는 하나, 모음을 21개나 사용하는 우리 한국인에게 7개뿐인 암하릭어의 모음은 어려울 것이 전혀 없다. 일본어에는 '으'나 '어' 모음이 없기 때문에 일본인들이 암하릭어를 익히기가 꽤 어려울 것 같은데, 어찌된 일인지 암하릭어를 유창하게 구사하는 일본인들을 많이 만날 수 있었다.

암하릭어는 한국어처럼 주어를 생략하는 경우가 많다. 그리고 쉬운 단어들을 결합하여 상대적으로 복잡한 개념을 표현하는 경우가 자주 있다. 가령 '자동차 바퀴'를 '마키나(자동차) 으그르(다리)'로 말하는 식이다. 물론 '바퀴'를 뜻하는 '고마'라는 단어가 있기는 하지만……

예를 한 가지 더 들어보자. '숟가락'을 암하릭어로 '망캬'라고 하는데 '크다'라는 뜻의 '틀룩'을 넣어 '틀룩 망캬'라고 하면 '주걱'을 뜻한다. 그러면 '아주, 매우'라는 뜻의 '버땀'을 그 앞에 넣어 '버땀 틀룩 망캬'라고 하면? 바로 '국자'가 된다.

에티오피아에서는 공용어로 영어도 사용된다. 중등과정부터는 학교에서 영어를 가르치기 때문에 영어가 통용되는 곳이 많다. 그러나 정규 방송의 경우 대부분 암하릭어로 내보내고 있고, 영어 없이 암하

에티오피아 국립박물관 입구의 표지판. 모든 간판이나 사인 표지에는 암하릭어와 영어가 병기되어 있다.

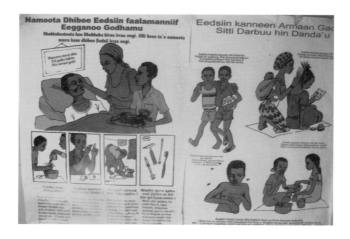

오로믹야 포스터

릭어로만 발간되는 신문이나 잡지가 많다. 대중교통을 이용할 경우, 또는 가게에서 물건을 살 경우 영어가 안 통할 때가 많다. 간판 등은 보통 암하릭어와 영어가 병기되지만 영어가 없는 경우도 의외로 많다.

결론적으로 암하릭어를 알면 에티오피아에서의 생활이 그만큼 편해진다. 지방에 가면 영어도 암하릭어도 안 통하고 오로지 그 지방 언어만 통하는 곳도 있지만 어디까지나 에티오피아의 공용어는 암하릭어와 영어다.

수년간 에티오피아에 살면서 암하릭어를 능숙하게 구사하는 한국 사람을 많이 만나지를 못했다. 반면, 발음은 좀 어색하지만 암하릭어를 능숙하게 구사하는 외국인은 많이 만났다. 그 중에는 일본인도 있고, 독일인, 네덜란드인, 미국인도 있었다. 영어 한 마디, 암하릭어 한 마디 못하고 오로지 중국어만 할 줄 아는 중국인들보다는 우리 한국인들이 낫지만, 다른 나라 사람들과 비교할 때 우리는 여전히 갈 길이 멀다 하겠다.

현지에서 만난 에티오피아 외교부 관계자에 따르면 북한에서 온 외교관들은 암하릭어가 능숙해 함께 이야기할 때 암하릭어를 사용하는데 남한에서 온 외교관들은 전혀 암하릭어를 사용하지 않는다고 한다. 한국인들에게 암하릭어는 경제성도 떨어지고 또 하나의 공용어인 영어만 사용하면 된다고 생각해서 애초부터 배울 필요가 없는 언어로 간주되는지도 모르겠다. 현지인과 교류하는 데 그곳 언어를 사용하는 것만큼 좋은 방법은 없을 것이다. 외국인이 서툴더라도 현지 언어로 말하면 현지인들이 괜히 더 친절해지지 않는가.

13월 5일이 있는
나라

에티오피아에는 1년에 13개월이 있다는 사실을 아는가.

에티오피아는 우리처럼 서력西曆인 그레고리안Gregorian 역법을 사용하지 않고 율리우스 역법Julian Solar Calendar을 사용한다. 그 때문에 에티오피아 달력은 우리보다 약 7년이 늦어 2016년 9월 11일이 2009년 1월 1일이 된다. 율리우스 역법에 따라 에티오피아에서 한 달은 30일이다. 이렇게 12달을 계산하고 남은 5일 혹은 6일이 13월이 되는데 현지에서는 '빠그메'('빠'는 파열음)라고 부른다. 이들의 달력에 얽힌 내용을 모르면 왜 에티오피아에는 13월의 태양이 뜨는지 이해할 수가 없는 것이다. 그런 이유로 에티오피아의 1년은 12개월이 아닌 13개월이 되고, 신년은 1월 1일이 아닌 9월 11일이 된다. 온 세계가 다 치른 밀레니엄을 이들은 2007년에 맞이했다. 우리가 쉬는 매년 1월 1일은 이들에게 공휴일이 아니기 때문에 에티오피아 관공서는 이 날 근무를 한다.

해가 바뀌는 1월 1일과 곧 찾아오는 설날에 우리 고유의 풍속이 있듯이 에티오피아에도 이 나라만의 풍속이 있다. 우리 달력으로는 9월에 해당되며 9월도 첫 날이 아닌 11일부터 새해가 시작되기 때문에 서력을 사용하는 나라에서 온 이방인들에게는 9월 한 달이 참 낯설다. 학원이나 헬스클럽, 수영장 등이 9월 12일부터 개강을 하고, 금연이나 금주의 다짐을 9월 11일부터라고 못박는 경우가 많다. 에티오피아 정

명절이 가까워오면 주택가 근방에서는 양을 풀어놓고 파는 사람들을 쉽게 볼 수 있다.
현장에서 마음에 드는 양을 골라 집에 가지고 와서 직접 잡아 요리를 해 먹는다.

양을 잡는 소년. 특별한 날에는 집으로 사람을 불러 양을 잡기도 한다.

교회, 이슬람교, 개신교가 에티오피아 내에서는 아주 사이가 좋은데, 이날 교회나 모스크에서는 그리 요란하지 않은 예배를 본다.

가정에서는 우리처럼 차례를 지내는 의식은 없지만 명절을 전후로 일주일간 온 집안에 마르지 않은 파란 풀들을 깔아놓는다. 이 풀들은 거의 1주일 동안 청소를 하지 않은 채로 방치해둔다. 바닥에 풀들이 깔리기 시작하면 만나는 사람들에게 '은콴 아데라사초Happy Holiday!'라고 인사한다. 우리가 새해에 만나는 사람들에게 '새해 복 많이 받으세요'라고 하는 것처럼 에티오피아 사람들이 나누는 새해 인사다. 그리고 온 가족이 모여 음식을 나누어 먹는다. 평소 주식으로 먹는 '인제라'이지만 새해에는 소스의 종류가 몇 가지 늘어나고, 양을 집에서 직접 잡아 요리를 하기도 한다. 담소를 나누며 주전부리할 수 있는 음식도 마련한다.

이때 등장하는 대표적인 음식이 에티오피아 전통 스타일의 빵인 '다보'와 곡류를 볶은 '보꼴로'이다. 소수민족의 하나인 구라게족들은 마당 한가운데 불을 피우고 여기에 가마솥 뚜껑을 엎어놓은 것 같은 대형 팬을 내 건다. 팬에 볶는 '보꼴로'에서 고소한 냄새가 나는 동안 남자들은 노래를 부르며 키높이 정도의 나무를 묶어 태우면서 온 집안을 돌아다닌다. 매캐한 연기가 온 집안에서 피어오르는 것을 구경하면서 두런두런 이야기꽃을 피운다. '보꼴로'를 볶는 곳 옆에서는 커피 생두를 직접 볶아 만든 커피가 준비되기도 한다.

그러면 서력을 쓰는 나라들이 새해라고 부산을 떠는 때에 에티오피아 사람들은 무엇을 할까. 에티오피아에서는 새해와 상관없는 두 가

축일이나 명절이 되면 집안 곳곳에 풀들을 깔아 놓는다.
보통 기념하는 날 앞뒤 일주일 정도 청소도 하지 않은 채 방치해 둔다. 명절이 가까워 오면
시장이나 길가에서 이 풀을 묶어 파는 사람들을 쉽게 볼 수 있다

지 큰 행사가 열린다. 두 가지 모두 에티오피아 정교회의 영향에서 온 행사인데 하나는 그리스도 탄생을 기념하는 1월 7일의 크리스마스이고 다른 하나는 그리스도의 세례를 기념하는 1월 19일의 팀캇(Timkat 혹은 Timket)(암하릭어로 말할 때는 좀 세게 발음해야 한다) 페스티벌이다.

종교적인 영향으로 에티오피아에서 크리스마스는 12월 25일이 아니라 1월 7일이 된다. 암하릭어로 '제나(Genna)'라고 하는 크리스마스가 오면 사람들은 전날부터 교회에서 밤을 새우며 예배를 본다. 그리고 당일에는 가족과 함께 시간을 보내는데, 9월 11일의 설날처럼 이 시기에 고향을 떠났던 사람들이 집으로 돌아온다. 1월 19일에 대대적으로 거행되는 팀캇 페스티벌은 공식적으로 3일이 휴일인데 대부분 일주일 정도의 연휴를 즐기며 가족들이 함께 시간을 보낸다. 이 날도 사람들은 광장에 모여 축제를 즐기는데, 특히 세례의식이 포함되기 때문에 서로 물을 뿌리며 그리스도의 탄생을 기념한다.

에티오피안
타임

아메리칸 타임, 프렌치 타임? 혹은 저패니스 타임, 차이니스 타임? 기억에 없다. 여러 나라에 살면서 또 여행하면서 경험한 바에 의하면 나라 이름에 타임을 붙여 즐겨 사용하는 나라가 딱 두 곳이 있는 것 같다. 하나가 코리안 타임의 대한민국이요, 다른 하나가 바로 에티오피안 타임을 사용하는 에티오피아이다.

시계가 우리와 다른 것은 아니다. 그렇다고 시간을 나누는 방법이 우리와 달라 하루를 25시간, 26시간으로 사용하는 것도 아니다. 이들은 우리와는 다른 독특한 방법으로 시간을 부른다.

에티오피아는 1일 24시간제가 아닌 낮과 밤으로 구분한 12시간제를 사용한다. 예를 들어 24시간제를 사용하는 나라에서 일출시가 되는 오전 6시가 에티오피아에서는 0시가 된다. 이들은 해가 뜨는 때를 하루의 시작인 0시로 계산하는 것이다. 그리고 일몰시인 오후 6시(18시)는 12시가 되면서 동시에 다시 0시가 된다. 그리고 오후 6시, 즉 0시를 출발해 다음날 아침 일출시인 오전 6시가 에티오피아에서는 12시가 되는 것이다. 한국에서 오전 7시라고 부르는 시간이 에티오피아에서는 1시가 되므로 이 시간에 시계 알람을 맞추려면 '07:00 AM'이 아닌 '01:00 AM'으로 해놓아야 지각을 면할 수 있다. 정 불편하면 현지에서 아침 7시를 1시로 표시해주는 중국산 디지털시계를 사는 방법도 있다.

5시에 만나자고 해서 아무 생각 없이 오후 5시를 생각했는데 오전 11시 약속이었음을 알고 당황했던 적이 있다. 최근 공공기관에서는 24시간제를 널리 사용하는 추세이지만 여전히 12시간제가 일반적이기 때문에 시간 약속을 할 때는 혼동을 막기 위해서 에티오피안 타임인지 아닌지를 필히 확인해야 한다. 에티오피아에서는 그래야 안전하다.

에티오피아는 그리니치 평균시(GMT)보다 3시간 빠르므로 한국과는 6시간 차이가 난다. 이런 이유로 시간을 계산하기가 편하다. 처음엔 우리보다 6시간 느리다는 가정 하에 한국 시간에 6을 빼는 일을 반복했는데 그럴 필요가 없다. 에티오피아에서 오전 2시면 한국에서는 오후 2시가 된다. 물론 이곳에서 오후 2시면 한국에서는 오전 2시가 되는 것이다.

성^姓이 따로 없는
에티오피아식 이름

동양과 서양은 보통 성^姓과 이름을 적는 순서가 다르다. 한국이나 중국, 일본의 경우 성을 먼저 적고 나중에 이름을 적는 게 일반적이다. 서양의 경우 중간 이름을 가지는 사람들이 있긴 하지만 대부분 이름을 먼저 적고 성을 나중에 적는다. 그래서 성이 어떻게 되느냐고 물을 때 '패밀리 네임^{family name}'이 어떻게 되느냐고도 묻지만 '라스트 네임^{last name}'이 어떻게 되느냐고 묻기도 한다. 그러나 에티오피아인의 이름에는 성이 따로 없다. 에티오피아인은 성 없이 '이름 – 아버지 이름 – 할

아버지 이름'을 나란히 적어 본인 이름으로 사용한다. '이름 – 성' 혹은 '성 – 이름' 이런 식으로 이름을 적지 않기 때문에 이들에게는 성을 의미하는 '패밀리 네임' 혹은 '라스트 네임'이 아무 의미가 없다.

Getachew Taddesse Heigyane라는 사람의 경우 Getachew가 이 사람의 이름이고 Taddesse는 이 사람의 아버지 이름, Heigyane는 이 사람의 할아버지 이름이다. 그래서, 에티오피아인의 이름을 부를 때는 중간의 아버지 이름도 아니고, 마지막의 할아버지 이름도 아닌, 가장 먼저 적힌 본인의 이름을 불러줘야 한다.

에티오피아인의 이름이 자국에서는 오해를 사는 일이 생기지 않지만 외국에서는 종종 문제가 될 때가 있다. '이름 – 성' 혹은 '성 – 이름'의 방식이 일반적이기 때문에 Getachew Taddesse로 공문서 같은 데 이름을 적을 수가 있다. 그럴 경우 에티오피아인의 이름에 대한 상식이 없으면 'Mr. Getachew'가 아닌 'Mr. Taddesse'로 잘못 부르는 경우가 종종 생긴다. 2016년 8월 리우 올림픽 남자 마라톤 경기에서 에티오피아의 육상 선수 페이사 릴레사^{Feyisa Lilesa}가 은메달을 획득한 적이 있다. 페이사는 결승선을 통과하면서, 그리고 시상식에서 메달을 목에 건 뒤에 에티오피아 정부의 오로모족에 대한 무력 진압에 반대한다는 뜻을 담은 'X자 세리머니'를 펼쳤고, 이러한 페이사의 행동은 국내외에 큰 이슈가 되었다. 세리머니 덕분에 페이샤 선수의 이름이 미디어에 많이 오르내렸는데 뜻밖에도 본인 이름 페이사가 아닌 릴레사로 언론에서 소개하는 경우가 많았다. 만일 그의 집에서 Feyisa Lilesa를 부르고 싶을 때 "Lilesa!" 하고 부르면 페이사가 대답하지 않고 그의 아버지가 대답할 가능성이 크다. 에티오피아 출신의 유명한 장거리 육상선수인 Elfenesh Alemu 선수도 외국 언론에서 Alemu 선수로 많이 소개되고 있는데, 이는 국제경기에 등록할 때 그가 자신의 성을 Alemu로 기입했기 때문이다. 1960년 로마 올림픽에서 맨발로 역주해 금메달을 땄던 Abebe Bikira의 경우 그때나 지금이나 Abebe로 불린다. 이름을 등록할 때 Abebe로 했기 때문이다.

우리도 그렇지만 영미권에서도 '성'이라는 것은 가족이나 친족의 공통된 이름이다. 그래서 같은 성을 가진 사람들을 '패밀리'라는 이름으로 결집할 수 있는 것이다. 그러나 에티오피아에서 아버지의 이름은 어디까지나 아버지의 이름일 뿐이다. 이 때문에 여자가 결혼을 하더라도 이름을 바꿀 필요가 없다. 시집을 가서 사는 집이 바뀌었다고 아버지가 바뀌는 건 아니라는 이유다.

참고로 에티오피아에서 남자 이름을 부를 때는 '미스터' 대신 '아토 Ato'를 사용한다. Getachew Taddesse Heigyane라는 이름을 가진 남자의 명함을 받으면 Ato Getachew라고 불러주면 된다. Miss는 '워이저릿', Mrs.는 '워이저로'를 사용한다.

팬아프리카
컬러 원조

'팬 아프리카 컬러'라고 하면 좀 생소할지 모르겠다. 공식 용어는 아니지만 아프리카가 등장할 때 자주 눈에 띄는 초록, 노랑, 빨강 삼색을 의미한다. 에티오피아가 아프리카에서 원조임을 자랑하는 게 여럿인데 팬 아프리카 컬러도 그 중 하나다.

에티오피아가 팬 아프리카 컬러를 사용한 건 아주 오래 전부터다. 에티오피아를 방문한 탐험가들이 남긴 자료에 따르면 군대의 깃발에도 현재의 국기와 모양이 다르지만 삼색기가 사용되고 있음을 알 수 있다.[•] 에티오피아는 1935년 10월부터 1941년 5월까지 이탈리아에 점령당한 것 이외에는 여타의 아프리카 국가와 달리 강대국으로부터의 피지배 경험이 없다. 유럽인들은 에티오피아가 약 5년간 이탈리아의 식민지였다고 얘기하지만 정작 에티오피아인들은 그 기간 동안 자국은 이탈리아와 전쟁중이었지 국권을 이양한 식민지 상태가 아니었다고 주장한다.

에티오피아는 아프리카 대륙에서는 가장 오랫동안 독립을 유지한 나라이다. 그 때문에 2차 대전이 끝나고 강대국으로부터 독립한 아프리카의 많은 국가들은 오랜 독립국이 사용했던 이 삼색을 자국의 국기

• Richard Pankhurst & Denis Gérard, *Ethiopia Photographed: Historic Photographs of the Country and Its People Taken Between 1867 and 1935*

에티오피아 국기 변천 과정

(위에서 아래 방향으로) 1798년부터 사용된 오리지널 삼색 국기, 제정시대에 사용되던 국기,
사회주의 시절에 사용되던 국기, 1996년부터 사용하기 시작한 현재의 에티오피아 국기

에 채택했고, 이후 초록, 노랑, 빨강은 아프리카를 대표하고 제3세계를 상징하는 색으로 알려지게 되었다.

아프리카 대륙 반대편의 국가 가나는 가로형태의 팬 아프리카 컬러에 검은색 별을 얹어 사용한다. 가나의 인접 국가인 기니와 말리는 순서는 다르지만 세로형태의 팬 아프리카 컬러를 사용한다. 현재 베냉, 세네갈, 카메룬, 토고, 콩고, 기니아, 부르키나파소 등 약 19개의 국가에서 자국의 국기에 팬 아프리카 컬러를 사용하고 있다. 아프리카에서는 유일하게 황제의 나라였던 에티오피아가 아프리카의 큰 형님으로 자부심을 가질 만하지 않은가. 검은 피부에 팬 아프리카 컬러가 더해지면 이보다 더 화려해질 수가 없다. 2006년 월드컵에서 한국과 토고와의 경기를 기억하는가. 관중석에 응원하는 사람 수는 적었지만 그 자리가 얼마나 강하게 기억 속에 각인되어 있는지…….

제정 시대에는 삼색 중간에 사자가 등장했고, 사회주의 시절에는 악숨의 오벨리스크가 붉은 별을 이고 있는 문양이 사자의 자리를 대체한다. 현재는 중앙에 푸른색의 원반을 얹어 사용하고 있다. 에티오피아 정부는 1996년에 삼색에 노란 별과 노란 광선이 있는 푸른 원반을 추가해 국기를 새로 정했다. 원반 중심에 있는 별을 '솔로몬의 별'이라고 한다. 삼색 중 초록은 '노동, 비옥한 토지, 발전'을, 노랑은 '희망, 정의, 천연자원'을, 빨강은 '자유와 평등을 위해 희생한 사람들의 피와 용기, 열정'을 의미한다. 그리고 국기 중심에 있는 원반의 푸른색은 '평화'를, 솔로몬의 별은 80여 개 이상으로 구성된 이 나라 '민족의 융합'을 의미한다. 에티오피아 국기도 역사의 소용돌이 속에서 그 변화를 거역

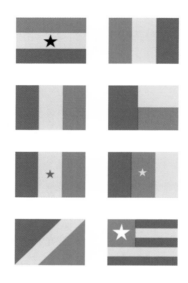

초록, 노랑, 빨강의 '팬 아프리카 컬러'를 사용한 아프리카 여러 나라들의 국기들
(왼쪽 위에서 아래 방향으로) 가나, 말리, 세네갈, 콩고
(오른쪽 위에서 아래 방향으로) 기니, 베냉, 카메룬, 토고

할 수 없었지만 오리지널 삼색만큼은 여전히 유지되고 있다.

사자 동물원
가던 날

에티오피아에 도착한 지 얼마 되지 않았을 때 아디스아바바에 사자 동물원이 있다고 해서 다녀온 적이 있다. 사자는 에티오피아에서 아주 특별한 동물이다. 군부가 집권하기 이전의 황제 시대에 사자는 황제의 상징이었기 때문에 황실의 문양을 비롯해 에티오피아 곳곳에서 사자를 발견하는 일은 그리 어렵지 않다. 물론 수도인 아디스아바바에서도 그 흔적을 찾아볼 수 있다. 지금은 대통령이 거주하고 있는 과거 황제의 궁전 앞에 아직도 거대한 돌사자상이 떡 버티고 있고 광장 한가운데 사자상을 세워 놓은 곳도 있다. 지금의 공식 국기는 아니지만 과거 에티오피아의 국기를 비롯해 사자 문양이 사용된 물건들을 에티오피아에서는 어디서나 쉽게 만날 수 있다.

에티오피아의 사자와 관련해 한 지인이 이런 이야기를 들려주었다. 이집트 출신의 음악가 할림 엘다브[Halim El-Dabh]가 미국 정부로부터 연구 지원금을 받아 에티오피아 음악을 연구하러 에티오피아에 간

사자 동물원 입구에 있는 철로 된 사자상. 에티오피아에서 만나는 사자의 모습들은 대개가 이런 모양이다.

적이 있었다. 당시 에티오피아 마지막 황제인 하일레 셀라시에 황제 (1892~1975)가 아직 살아 있었고, 외국인이 에티오피아 음악을 연구 한다고 해서 대접도 꽤 융숭했었나 보다. 할림이 가족과 함께 지낼 게 스트하우스에 도착해 보니 궁전에 버금가는 규모에 입을 다물지 못할 지경이었는데 놀랍게도 게스트하우스 뒷편 정원에 사자 두 마리가 있 더란다. 황제의 환영 선물이었다는데 두 딸이 적응을 못해 결국 사자 를 황제한테 돌려보낼 수밖에 없었다고 한다.

자연사박물관, 국립박물관, 국립도서관 등도 방문했었는데 사자 동 물원만큼 강한 인상을 받지는 못했다.

한국에 있을 때, 바짝 말라 뼈만 앙상한 에티오피아 아이를 저울에 달아 몸무게를 재는 장면의 사진을 본 적이 있었다. 몹시 충격적인 사 진이었다. 같이 숨쉬고 사는 이 지구상에 저런 아이가 사는 나라가 있 구나, 그때 그랬었다.

그런 나라에 사자 동물원이 있다니⋯⋯! 고기가 주† 먹이인 사자를 가둬놓고 사람들에게 구경을 시킨다는 게 처음엔 상상이 가지 않았 다. 그러나 돌이켜 생각해보니 이 모든 선입관은 우리가 그동안 에티 오피아에 대한 미디어의 보도를 맹목적으로 과신한 데서 비롯된 것이 었다.

박물관이든 동물원이든 외국인은 무조건 내국인보다 더 비싼 입장 료를 내야 한다. 내국인이 2비르면 외국인은 10비르. 사자 동물원의 방 문객은 생각보다 많았다. 입구에서 몸수색을 당했는데 아디스아바바 에서는 누구를 막론하고 공공기관이나 건물 출입시 이 과정을 거쳐야 한다. 심지어 아디스아바바 대학을 방문할 때도 마찬가지다. 카메라를 입구에 맡겨 놓아야 한다고 해서 차에 놓고 들어갔더니 사진을 찍어 파는 사람들이 많았다.

평일이었는데 잘 차려 입은 사람들이 가족단위로 와서 동물들을 구경하고 있는 게 신기해 보이기까지 했다. 동물원 규모는 그리 크지 않았다. 안에는 우리나라 아파트 단지 공터에서 볼 수 있는 작은 놀이터가 하나 있었는데 아이들한테는 이 놀이터가 사자보다 인기가 더 많았다.

에티오피아를 최빈국으로만 알고 있던 이방인의 두 눈에 비친 동물원의 풍경은 가히 충격적이었다. 관리인으로 보이는 사람이 배고파 울부짖는 사자들에게 두툼하게 자른 고기 덩어리를 던져주고 있는 모습에 이방인은 한동안 시선을 고정시키지 않을 수가 없었을 것이다. 이곳은 에티오피아가 아닌가. 날마다 사람이 굶어죽고 UN이나 NGO 등의 구호단체의 도움 없이는 도저히 살 수 없는 나라로 묘사되는 그 에티오피아라는 나라가 아닌가. 그런 에티오피아에 고기를 먹고 사는 사자들을 위한 사자 동물원이 있었다. 그리고 그것을 아무렇지 않게 돈을 내고 구경하는 사람들이 있었다. 지금부터 10년 전 일이다.

사자 우리 주변에는 공원이 잘 조성되어 있었는데 벤치마다 다정한 포즈의 연인들이 눈에 많이 띄었다. 보수적이라서 공공장소에서는 손 잡는 것 정도만 허용된다는 아디스아바바에서 아주 이색적인 모습이었다.

사람 사는 곳은 어디나 마찬가지일 텐데…… 어두운 면만 부각시키는 미디어에 그동안 너무 노출되어 있었던 탓에, 한동안 나의 두 눈으

사자 동물원 매표소 입구. 의자에 앉아 있는 사람이 몸수색, 가방수색을 한다.

로 직접 보는 에티오피아의 풍경은 새롭기만 했다.

멜팅폿,
에티오피아

아디스아바바에 '멕시코 스퀘어Mexico Square'라는 곳이 있다. 우리나라로 치자면 종로3가역쯤 되는 곳으로 여기에 가면 볼레(아디스아바바 국제공항 방면) 쪽으로 가는 차, 서드스 키로(아디스아바바 대학 방면) 쪽으로 가는 차, 피아사(시청 방면) 쪽으로 가는 차를 전부 이용할 수 있다.

　여기서 차는 대표적인 대중교통 수단인 미니버스(현지인들은 '미니택시'라고도 한다)를 의미한다. 미니버스보다 차비가 저렴한 대형 버스도 있지만 도로 대부분을 점령하고 있는 것은 토요타Toyota에서 나온 이 미니버스들이다. 멕시코 스퀘어에 가면 정식 터미널은 아니지만 일정 장소에 정해진 구간만 왕복하는 미니버스가 노선별로 모여 있다. 2015년에 경전철이 개통되어 전차가 멕시코 스퀘어에 정차하기도 하지만, 아직까지는 미니버스 이용객들이 훨씬 많다.

　멕시코 스퀘어에 멕시코를 연상할 수 있는 건 아무것도 없는데 왜 다들 멕시코 스퀘어라고 부르는지 늘 궁금했었는데 10년 동안 제대로 답변을 해 주는 사람이 없었다. 멕시코 스퀘어 한가운데 조형물이 하나 있는데 이것만으로 멕시코를 연상하기는 어렵다. "멕시코에서 일어난 전쟁에 에티오피아 군대가 참전을 해서"라는 설이 있지만 멕시코 정부나 관련 기업의 원조가 있지 않았나 감만 잡을 뿐이었다. 그러다 10년 만에 설득력 있는 답변을 들었다. 제2차 세계대전 당시 이탈리아가 에티오피아를 점령했을 때 에티오피아를 응원했던 몇 안 되는 국가 중 하나가 멕시코였고, 전쟁이 끝나고 아프리카 국가 수장으로는 처음으로 에티오피아의 마지막 황제인 하일레 셀라시에가 멕시코를 방문했다고 한다. 양국의 외교관계를 기념하기 위해 에티오피아는 아디스 아바바에 '멕시코 스퀘어Mexico Square'를 만들었고, 그 후 멕시코는 멕시코시티에 '에티오피아 플라자Plaza Etiopía'를 만들었다고 한다.

멕시코 스퀘어 근처에 자주 가던 음식점이 있다. 멕시코 스퀘어에서 사르베트 방향으로 걷다 보면 오른편에 국방부 건물이 보이고 조금 더 걸어가면 왼편으로 수단 대사관이 보인다. 수단 대사관을 지나 조금만 직진하면 AUAfrican Union 건물 직전에 '멜팅폿Melting Pot'이라는 레스토랑이 있다. 이름에 걸맞게 이곳에 가면 에티오피아 음식은 물론 아프리카, 아랍, 남미 음식을 모두 맛볼 수 있었다. 음식 종류가 그리 많지 않았지만 주식인 인제라가 지겨울 때 밥을 먹을 수 있다는 이유로 이곳을 자주 찾았다. 아랍 요리 중에 밥이 포함된 게 몇 가지 있었기 때문이다.

흔히 인종, 문화의 도가니라며 미국을 지칭할 때 '멜팅폿'이라는 표현을 사용하는데 미국보다 오히려 이곳 에티오피아가 더 멜팅폿이 아

멕시코 스퀘어 근처의 '멜팅폿' 레스토랑 간판

닐까 싶다. 멜팅폿 레스토랑에 가면 아주 잘 차려 입은 검은 피부의 사람들이 암하릭어가 아닌 영어나 프랑스어로 대화를 나누며 식사하는 모습을 자주 볼 수 있었다. AU가 가깝다 보니 아프리카 여러 나라에서 온 사람들이 이 레스토랑을 자주 찾는다.

현재 AU에는 2011년 7월 수단에서 독립한 남수단을 포함해 총 54개 아프리카 국가가 회원으로 가입되어 있다. AU만 따져도 에티오피아에서는 아프리카 54개국 사람을 전부 만날 수 있다는 계산이 나온다. 아시아를 대표하는 한국, 중국, 일본 사람도 이곳에서 다 만날 수 있다. 외교 공관이 100여 개가 넘기 때문에 이런 나라 사람들을 모두 에티오피아에서 만날 수 있는 것이다. 게다가 다양한 NGO단체, 국제연합 소속의 국제기구들이 에티오피아를 원조하겠다고 오늘도 속속 도착하고 있다. 사람이 가는 곳에 문화가 따라가는 법. 에티오피아는 가히 멜팅폿의 지존이라 할 수 있겠다. 셈족계와 햄족계의 혼혈이 조상인 에티오피아 사람들은 피부색깔이 다른 사람에 대해서, 또 새로운 문화에 대해서 아주 개방적인 태도를 보인다. 에스닉 그룹(소수민족)이 80여 개가 넘는 다민족 국가이기 때문에 이민족에 대해서 그리 배타적인 감정을 가지고 있지 않은지도 모른다.

아디스아바바의 작은 수퍼에 가면 전세계에서 온 물건들을 만날 수 있다. 스위스에서 온 유제품, 이탈리아에서 온 파스타, 중동에서 온 잼, 중국에서 온 값싼 물건들까지 한마디로 박람회장을 연상케 한다. 직접 만들어낼 수 있는 기술이 없어서라고 하지만 전세계에서 온 물건들이 사이좋게 매장 진열대에 전시된 모습을 쉽게 볼 수 있다. 한국전쟁

에티오피아에는 80여 개의 소수민족 이외에도 다양한 사람들이 살고 있다.

때 참전했던 에티오피아의 6천여 명의 지상군은 미군 중 절반 가까이
나 되는 흑인들보다 15개국의 UN참전국 사람들과 형제처럼 잘 어울
렸다고 한다. 문화가 사람들을 그렇게 만들었는지도 모르겠다. 조금만
다른 인종의 피가 섞여도 색안경을 끼고 보는 한국 사람들과는 아주
대조적이다.

　지구상의 가장 못사는 나라 중 하나라고 하지만 그래도 에티오피아
가 그리 절망적이지만은 않은 이유는 바로 문화의 다양성이 인정되고
있다는 점이 아닐까. 우리나라의 경우만 해도 이문화異文化가 함께할 때
문화가 찬란했었고 융성했었다. 고구려, 백제, 신라가 함께했던 통일신
라가 그랬었고, 말갈을 끌어안았던 고려시대가 또 그랬었다. 암묵적인
차별이 존재한다고는 하지만 미국의 가장 큰 힘도 바로 이문화의 수용
에서 비롯된다고 본다. 국민소득이 낮아 별 볼 일 없는 나라로 분류되
는 에티오피아지만 서로 다른 문화를 받아들이는 측면에서 보면 멜팅
폿, 에티오피아는 지금의 한국보다는 분명 선진국이다.

III
에티오피아 음식문화

주식은
인제라

에티오피아의 주식主食은 인제라이다. 떼프teff라는 모래알같이 생긴 곡류를 주 재료로 반죽하여 이것을 지름 약 50센티미터 크기로 얇게 부쳐낸 것이 인제라이다. 떼프에는 글루텐이 들어 있지 않아 빵이나 면 종류에 함유된 글루텐을 소화 못 시키는 글루텐 불내증 환자들도 즐길 수 있는 음식이다. 떼프를 물에 불려 며칠 발효시키면 시큼한 냄새가 나는데 이때가 인제라를 만드는 적기다. 만드는 방법은 우리나라 부침개와 약간 비슷한데, 잘 달구어진 팬에 건더기 없는 떼프 반죽을 순식간에 부어 부쳐낸다.

인제라를 부칠 때는 재료를 붓는 속도가 중요한데 이는 빈 공간을 채우다 보면 인제라의 두께가 제각각이 되기 때문이다. 타닥타닥 소리를 내며 인제라가 익으면 매끄럽던 표면이 해면조직처럼 변한다. 익은 느낌이 들었을 때 살짝 뚜껑을 덮어놓으면 인제라가 완성된다. 옛날에는 우리나라 가마솥 뚜껑같이 생긴 도구(현지에서는 '미타드'라고 부른다)를 이용해 인제라를 만들었는데, 요즘은 경제 형편이 좋아지면서 전기를 이용한 기계로 인제라를 만드는 가정이 점점 늘고 있다.

이렇게 만든 인제라에 에티오피아 사람들은 여러 가지 소스('마하바라위')를 올려놓고 손으로 먹는다. 인도음식에 등장하는 난이나 로띠를 상상하면 쉬운데, 에티오피아 사람들은 난이나 로띠가 아닌 인제

다양한 인제라. 야채만 올라가는 인제라도 있고, 양고기, 닭고기 등 육류와 야채를 함께 내는 인제라도 있다.

라에 다양한 재료를 싸서 먹는다. 막 부쳐낸 인제라 위에 각종 소스를 부어 싸 먹기도 하고 야채 같은 걸 올려서 싸 먹기도 한다. 보통은 부쳐낸 인제라를 돌돌 말아서 10센티 정도의 크기로 뚝뚝 잘라 접시에 수북이 담아내는데 그걸 각자의 접시에 가져가 기호에 맞게 소스를 올려 먹는다. 인제라와 인제라 사이에 소스를 발라 몇 겹으로 만들어 우리나라 시루떡처럼 만들어 먹기도 한다. 인제라는 보통 한국의 메밀전병 같은 색을 띠지만 품종이 다른 떼프로 만든 인제라 중에는 색이 검은 빛을 띠는 것도 있고, 최근에는 다양한 색소를 첨가해 컬러풀한 인제라를 만들어 먹는 사람들도 있다.

젓가락과 숟가락을 사용해 밥을 먹는 사람 눈에 이곳 사람들이 맨손으로 인제라를 먹는 모습이 처음에는 낯설었다. 멋지게 잘 차려 입은 사람들이 담소를 나누며 소스로 뒤범벅이 된 손으로 인제라를 먹는 모습을 상상해 보라. 또 매니큐어를 예쁘게 바른 아가씨가 인제라로 접시 바닥을 싹싹 닦아가며 먹는 모습 또한 상상해 보라. 쟁반 하나에 인제라를 놓고 다 같이 조금씩 찢어가며 이것저것 싸 먹는데 필자는 인제라만으로 능숙하게 바닥까지 훑어먹는 경지에는 아직 이르지 못했다. 소스 같은 걸 인제라에 얹으면 인제라 표면으로 액체 같은 게 스며 흘러나오는데 그걸 아무렇지도 않게 꼭꼭 저미며 에티오피아 사람들처럼 먹는다는 게 쉽지가 않다.

먹을 때는 왼손이 아니라 오른손을 사용한다. 에티오피아 사람들은 뭔가를 먹을 때 인도 사람들처럼 오른손을 사용하지만 화장실에서 왼손을 사용하지는 않는다. 화장실에서는 화장지를 사용한다(?)고 한다. 먹을 때 손을 사용하기 때문에 손을 닦을 수 있는 곳은 어디든 쉽게 만날 수 있다. 그러나 손톱이 길면 인제라를 먹을 때 아주 낭패다.

간식
– 다보/꼴로/팝콘

가게에 가면 빵, 과자, 초콜릿 등 외국산 먹을거리가 즐비하지만 여기서는 에티오피아인들이 집에서 즐겨 만들어먹는 간식을 몇 가지 소개하려고 한다.

다보
에티오피아 전통 빵을 의미하는데, 아비시니아^{Abyssinia} 사람을 뜻하는 '하베샤'를 붙여 '하베샤 다보'라고도 부른다. 통밀이나 보리 등의 곡류에 빵을 만들 때 필요한 가장 기본적인 재료인 소금, 물만으로 반죽한다. 빵을 구울 때는 가짜 바나나라고 부르는 엔셋 잎에 싸서 굽는데 잎의 향이 빵에 베어 독특한 풍미를 만들어낸다. 간식으로도 다보를 만들어 먹지만 특별한 날을 위해 다보를 만들기도 한다. 특히 종교적인 행사나 신년, 중요한 손님이 방문할 때 다보가 빠지지 않는다. 이때는

하베샤 다보. 지름이 약 30센티미터 정도로 빵이 꽤 크다.

외국인 집에서 만난 파렌지 다보. 설탕이 들어갔고, 하베샤 다보에 비해 부드럽다.

빵 하나에 온 정성을 다 쏟고, 만들어진 빵은 신주 단지처럼 모신다. 갓 구워낸 다보는 말랑말랑하지만 이내 딱딱하게 굳어버리는데 이렇게 굳은 빵을 차와 함께 내기도 한다. 설탕이 첨가된 맛이 단 빵을 에티오피아 사람들은 '파렌지('외국인'이라는 뜻) 다보'라고 부르는데 나이 지긋한 사람들은 마치 빵에 부정이라도 탄 것처럼 파렌지 다보를 대한다.

꼴로

보리 한 종류만 볶기도 하지만 대개 다양한 곡식들을 볶아 놓은 것을 의미한다. 중국 사람들이 두런두런 이야기를 나눌 때, 장거리 여행을 할 때 빠지지 않고 등장하는 게 해바라기씨인 것처럼 요즘 에티오피아 사람들이 모이는 곳에 빠지지 않고 등장하는 것이 바로 꼴로이다. 본래 커피를 마실 때 함께 내놓는 간식이었는데 편이성 때문인지 요즘은 장거리 여행 버스에서도 많이 볼 수 있다. 버스 터미널 주변 가게나 행상들이 깔끔하게 포장해서 꼴로를 판다. 곡류를 그대로 볶아 맛이 자극적이지 않아 간식으로 그만이다. 맛도 맛이지만 꼴로는 해바라기씨처럼 껍질이 남지 않아 먹고난 자리가 깨끗해서 좋다.

팝콘

현지에서 '펀디샤fundisha'라고 부르는 팝콘은 커피 세리머니 때 주로 제공되었는데 최근에는 일상적인 간식으로도 많이 만들어 먹고 있다. 전자레인지를 갖추고 있는 가정이 거의 없기 때문에 바닥이 깊은 냄비 같은 것을 이용해 팝콘을 만든다. 팝콘은 '머숍Mesob'이라고 부르는 뚜

일반 식당에서 사이드 메뉴로 나오는 빵. 이것도 일종의 파렌지 다보다.

커피 세리머니에 제공된 팝콘

껑이 있는 테이블 대용 바구니에 담아내거나 그보다 높이가 낮은 바구니에 수북하게 담아낸다. 에티오피아의 옥수수 재배 역사는 500년이 넘지만 에티오피아인들이 언제부터 팝콘을 먹기 시작했는지는 알려진 바가 없다. 유럽에 팝콘이 전해진 게 콜럼부스의 신대륙 방문 이후이니 유럽인들과의 교류에서 비롯되지 않았을까 유추해 볼 뿐이다. 현재 에티오피아의 옥수수 생산량은 아프리카에서 5위 규모이며 소규모 농가에서 전체 생산량의 90% 이상을 담당하고 있다.

에티오피아의
육회문화

전력사정이 안 좋은 나라에 한동안 체류한 적이 있었는데, 정전이 반복될 때마다 냉동과 해동이 마음대로 진행되는 냉장고 안의 고기를 신뢰할 수 없어 본의 아니게 채식주의자로 지냈다. 에티오피아의 도시든 시골이든 냉장고가 없는 정육점에는 고기들이 상온에 그대로 진열되는데 손님들은 전혀 개의치 않는 눈치다. 이제 에티오피아 생활 1년차로 접어든 일본인 친구는 도축 후 2~3일이 지난 고기가 맛있다며 제법 현지인 폼으로 상온에서 하루가 지난 고기 한 덩어리를 내 앞에서 샀고, 그날 저녁 난 또 채식주의자 행세를 했다. 몰랐으면 그냥 먹었을지도 모르는 고기지만 알고는 도저히 먹을 수가 없었다.

　에티오피아인도 생고기를 먹는 습관이 있다. 금방 잡은 신선한 고기만 먹는다고 하지만 상한 고기를 먹고 탈이 났다는 사람들에 관한 뉴스가 심심찮게 나온다. 프랑스 맥주회사가 판매하는 세인트 기오르기스 맥주 프로모션 행사에 참가할 기회가 있었는데 인제라와 함께 금방 잡은 소고기가 뷔페 스타일 테이블에 제공되었다. 주최 측은 손님들에게 중국산 과도도 하나씩 나눠줬는데 고깃덩어리를 적당히 먹기 좋게 잘라 접시에 담으라는 의미였다. 붉은 고기 앞에서 환희에 찬 손님들의 표정이 잊혀지지 않는데 난 작은 살점 하나도 혼자 떼어낼 수 없었다. 같이 일하던 현지인 동료가 아무 생각 없이 먹어보라고 담아준 접시 위의 생고기 한 점 때문에 그날 난 아무것도 먹지 못했다. 내 앞에서 동료는 말 그대로 생고기를 칼로 뚝 잘라내 향신료를 찍어 먹는데 내 머릿속에는 육회, 기생충, 살모넬라 이런 단어들이 쉼없이 떠올랐다.

　'끄트포kitfo'라는 음식이 있다. 과거 구라게족들이 먹던 음식이었는데 에티오피아인 전체로 확대되어 이제는 끄트포만 전문으로 취급하는 식당이 여기저기에 많다. 이런 끄트포는 에티오피아 국내뿐만 아니라 해외의 에티오피아 전문 식당에서도 만날 수 있다. 작은 그릇에 담아 놓으면 꼭 우리의 육회처럼 보이지만 생고기를 채를 썬 게 아니라 얇게 저민다. 저민 고기는 열을 가하지 않고 에티오피아 전통 버터 기름이나 미뜨미따(고춧가루)에 재어서 낸다. 끄트포는 쇠고기로 주로 만

인제라에 함께 나온 끄트포. 작은 종기에 담긴 하얀 음식은 아이브라고 하는 치즈다.

들지만 염소고기로도 만들고, 주로 작은 그릇에 담아 인제라 위에 놓는데, 이때 '아이브'라고 하는 치즈와 일종의 삶은 야채인 '고멘'을 함께 내는 게 일반적이다.

가짜
바나나

바나나가 자라지 않는 나라에서 태어나(청주 어딘가에서 조경수로 키우던 바나나가 열매를 맺었다는 소식을 듣긴 했는데 직접 본 적은 없다) 바나나는 수퍼마켓에서만 구할 수 있는 먹을거리였던 나에게 지천으로 헐값에 판매되는 바나나 천국이 처음에는 낯설었다. 아프리카에서 "저게 바나나 나무야!"라고 알려주기 전까지 바나나 나무를 제대로 본 적이 없었다. 나무에 다닥다닥 매달린 바나나가 정말 신기했고, 색깔이 점점 노래지는 것은 더 신기한 일이었다.

아디스아바바에 살던 지인이 출산을 했다고 해서 축하방문을 하러 가는데 집 근처에 바나나 나무가 보였다. 동행한 일본인 지인에게 반가운 마음에 "여기서도 바나나가 자라네요?" 하며 아는 척을 했더랬다. 나보다 먼저 에티오피아 지역연구를 시작했던 그 친구는 "저건 바나나

길가에서 흔히 만나는 엔셋, 일명 가짜 바나나.

진짜 바나나 나무. 열매가 없으면 가짜 바나나로 착각할만하다.

엔셋 뿌리에서 꼬쪼 재료를 채취하고 있다.

가 아니라 바나나를 닮은 엔셋이라는 거요"라고 하는 게 아닌가. 자기 지도교수는 그 엔셋^enset^만 수십 년을 연구하고 있다고도 했다. 당장 엔셋이 뭔가 찾아보니 내가 착각할 만했다. 별명이 '가짜 바나나^false banana^'였다. 열매는 따로 열리지 않는다고 했다. 에티오피아 연구를 처음 시작할 때 나는 바나나와 엔셋도 제대로 구분을 못했다. 부끄러운 고백이지만, 2003년 비영리기구의 편지 번역 자원봉사를 할 때 에티오피아 아이들이 보낸 편지에 자주 등장했던 단어가 '엔셋'이었는데 그때는 그게 뭔지도 모르고 그냥 '엔셋'으로 번역했었다.

엔셋을 다시 만난 건 에티오피아 전통 빵인 다보를 만들 때였다. 우리가 먹는 연잎 밥처럼 그렇게 엔셋 잎에 반죽을 싸서 다보를 만드는데 향이 독특했다. 커피 산지에 가니 엔셋은 흔하고 흔했다. 아이들은 우기철에 우산 대용으로 엔셋 잎을 쓰기도 했고, 집 주변에 커피를 심고 그늘을 만드는 데도 엔셋은 중요한 역할을 하고 있었다. 별도의 그늘재배 없이 경작되는 커피도 있지만 전통적으로 커피는 자연적으로 만들어진 숲속의 그늘에서 재배된다. 남부나 서남부의 가든 커피들은 엔셋나무 그늘에서 그렇게 자라고 있었다.

커피가 처음 발견된 서남부의 카파^Kaffa^에 갔더니 엔셋으로 음식을 만들어 먹고 있었다. 현지에서 '꼬쪼^Qocho 혹은 Kocho^'라고 부르는 이 음식은 오로모족이나 구라게족만 먹는다고 알고 있었는데 카파 사람들도 즐겨먹고 있었다. 엔셋 뿌리를 긁어내면 끈적끈적한 물질이 나오는데 이것을 반죽해 떡처럼 만들어 먹는다. 인제라의 경우 에티오피아 전지역에서 먹는 주식이지만 '꼬쪼'는 엔셋이 자라는 남부나 서남부 지역에서 주로 식용으로 이용되고 있다.

에티오피아
주류문화

알코올 음료에 관대한 에티오피아는 일찍부터 주류문화가 발달해 지금도 집집마다 다양한 술들을 직접 담가 마신다. 집에서 담근 전통주 수요가 많다 보니 통계에 잡히는 1인당 주류 소비량은 아직까지 높지 않다. 그러나 최근 캔맥주가 도입되고, 해외의 메이저급 주류회사들이 에티오피아 맥주와 와인산업 투자에 박차를 가하는 등 주류시장이 확장일로에 있다.

맥주

에티오피아의 대표적인 주류는 맥주로, 현지에서는 이를 '비라'라고 부른다. 현지인에 의한 맥주소비는 아직까지 미비한 편이지만 최근 외국업체의 진출이 활발해졌다. 에티오피아 맥주시장 절반을 점유하고 있는 프랑스의 BGI 카스텔^{Castel}은 1990년대 후반 진출을 시작해 현재 세인트 조지 라거^{St. George Lager}, 카스텔^{Castel}, 바티^{Bati} 브랜드를 생산하고

에티오피아 시중에서 판매되는 맥주

에티오피아 시중에서 판매되는 와인. 해외에 수출하기도 한다.

있다. 특히 네덜란드의 맥주시장 진출이 괄목할 만한데 하이네켄은 하라레Harare, 베델레Bedele, 하킴 스타우트Hakim Stout를 생산하고 있고, 바바리아사도 최근 하베샤Habesha 생산에 참여하고 있다. 에티오피아의 유명한 맥주 브랜드인 메타Meta와 메타 프리미엄Meta Premium은 영국의 디아지오가 투자하고 있다. 카스텔사가 생산중인 세인트 조지는 1922년에 설립된, 에티오피아에서 가장 오래된 맥주 브랜드인데 현지에서 생산한 보리와 맥아를 이용해 맥주를 생산하고 있다.

에티오피아에는 위에서 언급한 맥주 이외에 전통 수제 맥주도 유명한데 현지에서는 '딸라Talla 혹은 Tella'라고 부른다. 오로모 사람들은 '파르소Farso', 티그레이 사람들은 '서와Suwa'라고도 부른다. 딸라는 일종의 에일 맥주(발효시 효모가 맥주 위에 떠서 발효되는 맥주)라고 할 수 있는데 향이 풍부하다. 주원료는 곡류로 떼프나 수수 등이 많이 이용되고 지역에 따라 옥수수, 보리, 밀 등이 이용되기도 한다. 집에서 주로 만들어 마시지만 딸라 베트Talla bet에서도 마신다. 도수는 5~6도 정도로 그리 높지 않다.

와인

에티오피아산 레드 와인 브랜드로는 구다르Gouder, 악수마이트Axumit, 아와시Awash 등이 있고 해외로도 수출한다. 2014년에 맥주회사 중 가장 큰 시장 점유율을 보이고 있는 프랑스 기업 카스텔Castel사가 에티오피아 와인산업에 투자를 시작했다.

전통 와인으로는 꿀을 주원료로 만든 따지Tej가 유명한데 하니 와인

Honey wine이라고도 부른다. 일반 술잔이 아니라 실험용 라운드 플라스크 닮은 병에 담겨져 나오며 잔에 따로 따르지 않고 플라스크째 그대로 마신다. 따지 색은 오렌지 주스처럼 노랗다. 따지는 따지 베트^{Tej bet}에서도 팔지만 집에서 주로 많이 만들어 마신다. 맛이 달착지근해서 일반 음료수로 착각할 정도지만 알코올 도수가 10도에 이르기도 한다. 화학약품이 첨가되지 않은 천연발효주이기 때문에 장기간 보관방법에 대한 연구가 한창 진행중이다. 그 외에 집에서 담그는 술 중에 '아라케^{areke}'라 불리는 저렴하지만 도수가 높은 술이 있다.

다양한
음료

커피나 차 외에 술을 못 마시는 사람들이 마실 수 있는 음료에는 어떤 것들이 있을까. 에티오피아에서 만날 수 있는 무알콜 음료를 몇 가지 소개한다.

생과일주스
오렌지, 파파야, 파인애플, 아보카도, 망고 등을 즉석에서 갈아 만든 생

생과일주스, 일명 '쯔마끼'

유명한 탄산수 '암보'

탄산수 '암보' 상표의 모델이 된 나무

과일주스가 있는데 현지에서는 '쯔마끼'라고 부른다. 쯔마끼 한 잔은 한국에서의 아보카도 한 개 값을 넘지 않는다. 한 가지 과일만으로 주문할 수도 있고, 여러 가지 과일을 섞어 주문할 수도 있다. 여러 과일을 섞은 것은 '스프리스 쯔마끼'라고 한다. '스프리스'가 섞는다는 의미라서 커피와 홍차를 섞은 차도 현지에서는 '스프리스'라고 부른다. 쯔마끼에는 설탕을 많이 타기 때문에 과일 고유의 맛을 즐기고 싶은 사람들은 실망할 수도 있다. 쯔마끼에 물이나 얼음을 섞기도 하는데 비위생적인 곳에서 마시게 되면 주스 한 잔으로 그날 먹은 음식을 다 토해낼 수 있으니 주의해야 한다.

물

물은 가게에서 사서 먹는 게 제일 안전한데 에티오피아에서 생산하는 브랜드가 많으니 가격과 기호에 맞게 고르면 된다. 광천수도 있지만 탄산이 함유된 탄산수도 있다. 에티오피아에서 유명한 탄산수 브랜드로 '암보Ambo'가 있다. '암보'는 사실 지역 이름인데 아디스아바바에서 서쪽의 쇼와존Shewa Zone 방향으로 한 시간 정도 차로 달리면 나오는 곳이다. 암보 병의 상표에 그려진 나무가 유명한데 아디스아바바에서 암보 쪽을 한참 가다 보면 도로 왼편으로 상표 속의 나무를 만날 수 있다.

탄산음료

코카콜라, 펩시콜라, 환타, 스프라이트 등이 들어와 있으며 펩시콜라든 코카콜라든 수도에서 몇 백 킬로미터 떨어진 작은 시골마을에서도 마실 수 있다.

그 밖에 우유, 요구르트 등도 수퍼마켓이나 커피숍 등에서 구할 수 있다.

이탈리아
음식들

에티오피아의 중산층 가정을 처음 방문했을 때, 그리고 여행객들을 위한 호텔을 방문했을 때 깜짝 놀랐던 게 몇 가지 있는데 샤워 부스 디자인이며, 화장실의 비데, 대리석 소재 계단, 철제 대문 등이 그것이다. 내가 마치 이탈리아 로마 어디쯤에 와 있는 듯한 강한 느낌을 받았는데 그 의문은 곤다르에서 이내 풀렸다. 에티오피아의 현대식 건물 중에는 이탈리아 침략시기에 지어진 것들이 많은데 이런 건물들이 많이 남아 있는 곳이 북부 곤다르이다. 이곳에서 장기간 건축분야를 연구하고 있던 일본인 연구자를 만났는데 그에 따르면, 이탈리아 침략시기의 현대식 건물들은 주로 관공서 건물로 이용되고, 더러는 일반 주택으로 사용되고 있었다. 특이한 점은 인테리어에 사용하는 물건들 중 철제 대문을 비롯해 아직도 이탈리아 수입품이 많다는 것이다.

5년간의 점령기간이라고 하지만 이탈리아가 에티오피아에 남겨놓고 간 것이 적지 않다. 큰 도시에 가면 '피아사'라 부르는 곳이 있고, 호텔 컨시어지나 여행 가이드 중에는 이탈리아어를 능숙하게 말하는 에티오피아 사람들이 많다. 외교공관의 차량 번호판에 부여하는 번호 1번이 에티오피아에서는 미국이 아니라 이탈리아다. 이런 것 생각하면 여몽항쟁 30년간이나 일제 강점기 35년 동안 얼마나 많은 몽고문화와 일문문화가 우리 문화에 이식되었을까 미루어 짐작할 수 있을 것이다. 식민지 기억을 잊고 일제 '코끼리 밥통'을 사고 '미제' 물건에 경외감을 보내던 시절이 우리에게도 있지 않았나.

커피

전세계 커피숍 메뉴를 장악하는 언어가 이탈리아어인데 에티오피아 커피숍에서도 크게 벗어나지 않는다. 에스프레소, 마끼아또 등을 주문할 수 있고, 유명한 커피숍 브랜드인 토모카는 창립자가 이탈리아 사람이다 보니 커피숍 인테리어도 이탈리아풍이다. 스탠드형 테이블에 마끼아또나 에스프레소를 놓고 환담을 나누는 모습을 쉽게 볼 수 있다. 커피를 뽑을 때 사용하는 에스프레소 머신도 당연히 이탈리아산이다. 에티오피아에서 가장 오래된 따이투 호텔의 키친에 가면 커피 역사책에서나 볼 수 있는 에스프레소 머신을 아직도 사용하고 있다. 물론 이 기계도 '메이드 인 이탤리^{Made in Italy}'.

피자

집집마다 오븐을 갖출 형편은 못 되지만 주식인 인제라를 만드는 팬이 다들 있기 때문에 여기에 피자를 구워 먹는다. 최근에는 숯이 아니라 전기로 인제라를 만드는 집들이 많아지고 있는데 이에 따라 피자 굽는 방법도 업그레이드되고 있는 추세이다.

파스타/스파게티

파스타나 스파게티는 도시뿐만 아니라 수도에서 몇 백 킬로미터 떨어져 말도 안 통하는 곳에 가도 먹을 수 있는 음식이다. 면 위에 올라오는 소스도 다양한데 필자는 주로 토마토소스 들어간 걸 즐겨 시켜 먹는다.

라자냐

아무 배경지식 없이 놀러간 현지인 집에서 라자냐를 만들어 대접해서 깜짝 놀란 적이 있다. 라자냐는 손이 많이 가는 이탈리아 음식이라는 생각에 만들어먹는 음식이라기보다는 사 먹는 음식으로 알고 있었는데 에티오피아 시골구석에서 라자냐를 주문해 먹어 본 후 이 생각은 바뀌었다.

맛은 천차만별이지만 에티오피아 어딜 가나 피자, 파스타, 스파게티, 라자냐 정도는 먹을 수 있다는 생각에 현지조사에 대한 부담이 확 줄어든 게 사실이다. 참고로 아디스아바바에는 유명한 이탈리아 레스토랑도 많고, 아이스크림 가게도 많다.

에티오피아 피자헛의 피자

토마토 스파게티. 수도에서 수백 킬로미터 떨어진 시골에서도
캔참치나 미트볼을 올린 토마토 스파게티를 맛볼 수 있다.

가정이나 뷔페 코너에서 맛 볼 수 있는 야채 스파게티

IV

에티오피아 사회문화

에티오피아의
다양한 종교

에티오피아 정교회(Ethiopian Orthodox Tewahedo Church)

에티오피아의 비非 칼케돈계 기독교 교회로 1959년까지 콥트 정교회의 일부였으나 지금은 독립된 교파를 형성하고 있다. 사하라 이남 아프리카에서는 유일한 기독교 교파로 규모 면에서는 세계에서 가장 큰 비 칼케돈 교회이다. 개신교에서는 이단으로 취급하지만 천주교에서는 인정받고 있다. 에티오피아 국교였으나 사회주의 시절 해체되었다. 신자 수가 인구의 절반이 넘으며 에티오피아 사회문화 곳곳에 영향을 미친다.

이슬람교

에티오피아는 기독교를 처음 받아들인 나라로 알려져 있지만, 무슬림 신자도 전체 인구의 34%에 달한다. 7세기 이집트에 상륙한 이슬람교는 아프리카 전역으로 확산되었는데 동아프리카는 아라비아 반도에서 직접 넘어오기도 했다. 에티오피아에서의 이슬람교는 다른 나라와 달리 기독교와 우호적인 관계를 유지하고 있으며, 최근 그 수가 증가하고 있다. 시골 마을에 가면 정교회, 이슬람교, 개신교, 천주교 등의 예배 알리는 종소리로 새벽 시간이 몹시 소란스럽다.

에티오피아 정교회 입구에서 기도하는 사람들.
차 안에서 교회가 보이면 신자들은 교회를 향해 기도를 한다.

정교회 주변에서 성물을 파는 사람들

정교회 내부 남자 신자들

정교회 내부 여자 신자들

유대교

북부의 유명한 관광지인 곤다르 시내에서 차로 약 20분 떨어진 곳에 검은 피부의 유대인이 사는 '웰레카'라는 마을이 있다. 지금은 폐허처럼 변모해 관광객들에게는 별로 인기가 없는 곳이지만 에티오피아 멩기스투* 정부는 이곳에 사는 사람들의 목숨을 담보로 이스라엘과 외교전을 벌이기도 했다. 전통적으로 에티오피아 사람들을 '하베샤'('아비시니아 사람'이라는 뜻)라고 하는 것에 반해, 웰레카에 사는 사람들은 피부색은 같지만 '팔라샤(외지인)' 혹은 '베타 이스라엘'('이스라엘 가문'이라는 뜻)이라고 부른다. 19세기 중엽 영국인 선교사들은 외부와 단절되어 1600년 이상 자기들 고유의 생활방식을 고수하며 유대인 신앙을 실천하는 이 사람들을 발견하고 경악을 금치 못한다. 이들은 언젠가는 약속의 땅인 가나안으로 돌아갈 수 있다며 전세계를 떠돌던 유대인들의 한 뿌리였던 것이다. 4세기에 기독교가 에티오피아의 국교가 되지만 이들은 개종하지 않고 그때까지 스스로를 유대인으로 믿고, 또 살고 있었던 것이다. 1984년과 1991년 두 차례의 대규모 엑소더스로 팔라샤들은 에티오피아를 떠났는데 웰레카에 사는 사람들은 그후에도 남아 있는 사람들이다. 토지를 강제로 몰수당해 농사를 지을 수도 없고 갖은 종교적인 핍박을 받으면서도 도자기, 대장장이, 천짜기 기술 등으로 생활을 하며 유대인 고유의 신앙생활을 영위해 나간 덕택

● **멩기스투 하일레 마리암(Mengistu Haile Mariam)** : 에티오피아 정치가이며 군인으로 1977년부터 1991년까지 수십만 명의 반대파를 숙청했고, 에티오피아 초대 대통령과 군 최고사령관을 역임했다. 1991년에 결성된 에티오피아 인민혁명민주전선(EPRDF)의 강력한 공세로 짐바브웨로 망명, 짐바브웨 독재자 로버트 무가베의 지원을 받아 현재 짐바브웨 하라레에 머무르고 있다.

에 수준 높은 수공예품을 많이 만들어냈는데 이제는 관광객들의 발길도 끊어져 마을에는 좀처럼 생기를 찾아볼 수 없다.

랄리벨라에는 팔라샤가 경영하는 호텔이 있다. 호텔 이름이 '알레프^Alef'라는 곳인데 이스라엘어로 '알레프'는 '최초의', '첫번째'라는 뜻이다. 이곳에 가면 이스라엘에서 온 배낭여행객들을 많이 만날 수 있다. 호텔 주인이 처음부터 본인과 그곳에 드나드는 사람들이 팔라샤임을 실토한 건 아니었지만 호텔 이름과 방문객들의 국적이 연관성이 있어 보여 필자가 물어보니 주인이 고개를 끄덕였다.

라스타파리교(Rastafarianism)

에티오피아 마지막 황제인 하일레 셀라시에가 황제에 등극하기 직전까지 불렸던 이름 '타파리 왕자^Ras Tafari'를 따랐다. 예수 그리스도를 흑인이었다고 주장하며, 하일레 셀라시에를 구세주로 여긴다. 남부의 샤시머니^Shashamane 혹은 Shashemene에 가면 예배 체험을 할 수 있을 뿐만 아니라 자메이카에서 온 라스타파리안들을 많이 만날 수 있다.

기타

그 밖에 불교, 천주교, 통일교, 힌두교 등이 있다. 불교는 러시아를 통해, 통일교는 결혼으로 이주한 일본인에 의해 전해졌다고 한다.

라스타파리안 교회 일부

가톨릭 교회 내부

다민족
국가

베이징이 2008년 올림픽 개최지로 결정될 때, 중국에서 공부를 하고 있었던 덕분에 중국 정부가 대대적으로 여는 축하행사를 지켜볼 수 있었다. 그때 천안문 광장에서 장쩌민江澤民 전 중국 국가주석이 샴페인을 터뜨리는 것보다 더 볼거리였던 게 바로 소수민족들의 축하공연이었다. 전체 인구를 약 13억으로 잡고 있는 중국은 대외적으로 자기 나라가 56개의 민족으로 구성된 다민족 국가라고 소개한다. 이중 90% 이상이 한족漢族이고 나머지가 55개의 소수민족이다. 이 55개 소수민족에는 연변자치구의 조선족도 포함된다. 소수민족들은 저마다의 전통복색이 있고 그들만의 리듬과 춤이 있고, 또 신화를 간직하고 있다. 공연기획자가 특별하게 기획하지 않고 이들만 모아놓아도 56개의 서로 다른 퍼포먼스가 가능하다. 올림픽 개최지 결정을 축하하는 행사 말고도 다수의 국제행사 개막식을 중국에서 볼 수 있었는데 이 소수민족들의 공연이 여지없이 등장했다. 늘 단일민족임을 자랑하는 한국에서는 결코 볼 수 없는 모습이었다.

한 나라를 구성하는 민족이 다양하다면 장점이 많을까 단점이 많을까. 정치적으로는 통합의 어려움이 있을 수 있겠지만 국제화, 세계화를 외치는 오늘날에는 장점이 오히려 더 많을 것이다. 다른 피부색, 다른 풍습을 가지고 있는 사람들을 늘 이웃에 두고 살았기 때문에 이들은 다른 문화에 대해 훨씬 개방적이다. '나는 이런데 저 사람은 왜 저러지?'가 아니라 '나는 이렇고 저 사람은 저런 거야'가 되어버리기 때문이다.

중국이 56개 민족으로 구성된 다민족 국가라고 했을 때 "우와!" 했는데 에티오피아는 서로 다른 종족이 무려 80개가 넘는다는 것 아닌가. 에티오피아의 소수민족들도 중국과 마찬가지로 종족 고유의 문화를 가지고 있다. 에티오피아는 대한민국의 5배 정도 되는 땅덩어리에 현재 약 1억 명이 살고 있다. 대표적인 민족은 오로모족, 암하라족, 티그레이족, 구라게족, 하라르족, 소말리족 등이다.

오로모족은 에티오피아의 전체 인구 중 가장 많은 비중(약 35%)을 차지하고 있으며, 수도 아디스아바바를 중심으로 중부 및 중서부, 중남부 지역 등 에티오피아의 광범위한 지역에 거주하고 있다. 이들은 라틴어에서 차용한 오로모족의 문자(현지에서는 '오로미파' 혹은 '오로믹야')를 사용하며, 오로모족 문화 보존을 위한 다양한 활동들을 전개해 나가고 있는데, 오로모족을 위해 라디오 프로그램을 오로모로만 방송하기도 한다. 인구 규모로는 가장 높은 비중을 차지하고 있지만 멩기스투 군사정권 시절에는 오로모 사용에도 제약을 받는 등 암하라족 중심의 체제에서 설움을 많이 받는 종족이다.

암하라족은 에티오피아의 중심과 바하르 다르를 주 거주지로 삼았는데 아디스아바바(지도상으로 보면 대륙의 중심)가 수도가 되면서 세력을 확장해 그들이 사용하던 암하릭어는 에티오피아의 공용어가 되었다. 지금도 표준 암하릭어는 아디스아바바가 아니라 바하르 다르 사람들이 쓰는 말이라고 한다. 암하라족은 전체 인구 비중으로 봤을 때 오로모족 다음(약 27%)으로 그 수가 많다. 인구 규모로는 두 번째를 차지하고 있지만 국가 중심 민족으로 에티오피아에서 사회문화적인 영향력이 크다.

현재 정치적 실권을 잡고 있는 사람들은 전체 인구의 약 6%를 차지하고 있는 티그레이족이다. 에티오피아 전체로 보면 비교적 소수이지만 집권 세력으로서 결코 무시할 수 없는 종족이다. 그리고 전체 상권을 쥐고 있는 사람들은 인구의 약 3%를 차지하고 있는 구라게족이다. 특히 구라게족은 악착같이 돈을 모으는 민족으로 잘 알려져 있는데 길거리에서 구두를 닦는 어린 아이나 차가 섰을 때 쏜살같이 뛰어가 화장지 꾸러미를 파는 청년들은 대부분 이 구라게족 출신이다. 현지인들에게 왜 구라게족 중에 부자가 많으냐고 물었더니 "구라게족들은 돈을 아끼면 돈이 쌓인다는 걸 알지만 대부분의 가난한 사람들은 돈이 생기면 바로 써서 가난하다"라고 당연한 답이 돌아왔다.

TV 오지탐험에 자주 등장하는, 혀에 접시 같은 걸 끼운 사람들을 기억하는가. 에티오피아 소수민족 중의 하나인 물씨족이다. 치아를 네 개나 뽑아내고 그 공간에 쇠로 된 접시를 끼워 넣는데 물씨족 사이에는 그게 미美의 기준이라니 어쩌겠는가. 에티오피아 남부에 약 7천5백 명 살고 있는데 에티오피아 정부의 야심찬 계획인 르네상스 댐 프로젝트로 곧 생활의 터전을 잃게 될 전망이다.

미남미녀의
나라

에티오피아가 아프리카 대륙에 있다고 해서 여기 사는 사람들의 피부색이 전부 까맣다고 생각하면 큰 오산이다. 남부 지방에는 우리가 흔히 아프리카 사람 하면 떠올리는 까만 피부에 고수머리, 눌린 코의 사람들이 있지만 대부분의 에티오피아 사람들은 잘생겼고 또 예쁘다. 피부색은 약간 그을린 듯한데 현지인들은 블랙이라고 표현하지 않고 초콜릿 혹은 커피(현지어로 '분나') 컬러라고 말한다. 이들의 피부색은 에티오피아라는 나라 이름에도 언급되어 있다.

사전을 통해 어원을 살펴보면 Ethiopia는 라틴어 Aethiopia에서 파생된 말로 그리스어 '타다'라는 뜻의 aithein과 '얼굴'이라는 의미의 ops가 합쳐져서 이루어진 말이다. 우리나라 정부 발간자료에도 에티오피아 어원을 '태양에 그을린 얼굴'로 풀이하고 있다. 굳이 암하릭어로 발음하면 에티오피아가 아니라 '이툐퐈' 정도가 된다. 현지에서 아주 흔히 들을 수 있는 말이다. 에티오피아의 옛 이름을 아비시니아 Abyssinia라고 하는데 이는 현재 티그레이족과 암하라족들이 살고 있는 아비시니아 고원에 있었던 아비시니아 왕국 때문이다. 영어의 아비시니아는 아랍어의 '알-하바시al-habash'를 그 어원으로 보는데 아랍 사람들은 지금도 에티오피아 사람을 '하베샤'라고 부른다. 현지에서도 에티오피아 전통 스타일의 식당이나 가게에는 '하베샤' 혹은 '아비시니아'라는 이름이 붙어 있는 경우가 많다.

적당히 잘 구워진 색깔의 피부색을 지닌 이 하베샤가 잘 상상이 가지 않으면 아랍쪽 사람과 아프리카 토착인들이 결합해서 탄생한 민족이라고 하면 좀 상상하기 쉬울까. 에티오피아에 가면 큰 키에 약간 그을린 듯한 피부, 그리고 이목구비가 아주 뚜렷한 얼굴을 가진 사람들을 많이 만날 수 있다. 다리 또한 곧고 길다. 각종 매체에서는 기근에 허덕이는 아이들밖에 보여주지 않아서 이런 사람들을 볼 기회가 없었을지도 모르겠다. 주변에 에티오피아에 다녀온 사람들이 있으면 물어봐도 좋다. 에티오피아에 미남미녀가 많은 게 사실인지 아닌지……

민족이 다양하다 보니 이곳에도 통합의 문제가 존재한다. 중국은 56개의 민족을 '보통화(표준 중국어)' 하나로 묶기 위해 다양한 방법들을 시도하고 있지만, 에티오피아의 경우 80여 개의 서로 다른 민족을 하나로 묶을 수 있는 대안이 지금으로서는 없어 보인다. 투표로 결정해 에리트레아를 독립시킨 것을 보면 제2, 제3의 독립국이 탄생할 가능성도 다분히 있다. 에티오피아는 연방정부로 특정 민족이 다수인 지역을 하나의 민족 주로 묶어 행정구역을 나눈다. 2015년 11월 에티오피아 정부가 오로미아 주 일부 도시를 수도 아디스아바바로 편입하겠다는 발표를 하고 나서 학생 주도의 반정부 시위가 시작되었는데, 시위가 장기화되면서 2016년 10월 현재 6개월간의 비상사태가 선포되었다. 에티오피아 정교가 국교였을 때는 황제가 구심점 역할을 했었는데 사회주의 시절을 겪고 난 지금은 아무것도 남아 있는 게 없다. 현재의 가난에서 벗어나는 해결책으로 에티오피아를 하나로 만들어주는 것이 무엇인지 찾아내는 일이 시급해 보인다.

에이즈보다
무서운 것

에티오피아에 가기 전 주변 사람들이 주의사항이라며 알려주었던 것 중 하나가 여행 전 미리 미용실에 가서 머리를 자르라는 것이었다. 에티오피아의 미용실에서 사용하는 가위가 귀를 스쳐 다칠 수도 있고, 그러다 재수없게 에이즈에 걸릴 수도 있기 때문이란다. 이 무시무시한 여행 팁은 에티오피아에서 머무는 내내 미용실과 이발소 근처에 가는 걸 꺼리게 만들었다. 에이즈에 대한 잘못된 상식이기도 하지만, 막상 에티오피아에 가보면 기우라는 걸 알 수 있다.

에티오피아 현지에서는 대통령 직속의 에이즈 대책본부가 설치되고 정부행사나 종교행사 등 각종 이벤트에서도 메인이 에이즈 예방 홍보가 아닌가 헷갈릴 만큼 요란하게 에이즈 관련 캠페인을 진행하고 있다. 에이즈에 대한 인식이 여전히 낮고, 사망자 비율도 좀처럼 수그러들지 않기 때문인데 캠페인이 너무 흔해서 약발이 안 듣는 게 아닌지 모르겠다. 공짜로 콘돔을 나눠줘도 도무지 사용을 안 하고, 에이즈에 걸린 부모 사이에서 태어났지만 정상인 자녀가 무방비 상태로 부모와 같이 생활하는 경우가 부지기수다.

그러나 눈에 보이지 않는 에이즈보다 더 무서운 게 있으니 바로 교통사고이다. 혼자만 조심해서 될 일이 아니기 때문이다. 개인적으로는 꼰니짜(벼룩) 다음으로 에티오피아 방문을 부담스럽게 만드는 요소다.

비교적 오래된 자료이긴 한데 2008년 3월 20일자 《더 데일리 모니터 *The Daily Monitor*》는 수도 아디스아바바의 교통사고로 인한 사망자 수가 매년 300명 이상이고 교통사고 부상자 수는 수천을 헤아린다고 정부 보고서를 인용해 보도한 바 있다. 이 수치는 에티오피아 전체 교통사고의 65%에 해당된다. 그 중 보행자 사망률은 82.6%, 승객과 운전자 사망률은 각각 14.51%와 3.14%에 달한다. 신문은 교통사고 증가율에 대해 도로상황이 형편없고, 무엇보다 교통규칙에 대한 인식 부재가 가장 큰 원인이라고 설명하고 있다. 교통사고로 인한 사망자 수는 심각할 정도로 늘고 있는 추세다. 2014년 한 해 아디스아바바 교통사고 사망자는 418명에 이른다. 현지에서 체험한 바에 따르면 안전벨트 미착용과 음주운전도 크게 한 몫 하고 있는 것 같다.

에티오피아에 있다가 귀국하면 한동안 차를 탈 때마다 안전벨트 착용하라는 잔소리를 들어야 한다. 안전벨트를 사용하지 않고 차를 타던 습관 때문이다. 운전자가 교육을 받은 사람이고 안 받은 사람이고 상관없이 에티오피아에서는 안전벨트가 무용지물이다. 운전하는 사람이 벨트를 착용하지 않기 때문에 동승자는 말할 것도 없다. 처음에 차를 탈 때 벨트 착용을 안 하는 운전자들 때문에 기겁을 했는데 사실

10년 전 러시아워 거리 풍경. 지금은 우리나라 출퇴근 시간을 방불케할 만큼 차가 많아졌다.

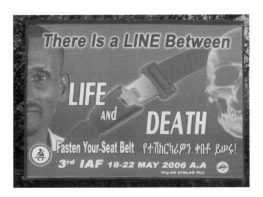

안전벨트매기 캠페인 광고

음주운전에 비하면 그건 약과였다. 아디스아바바의 교통 체증은 출퇴근 시간대가 심하고 이 시간대에 교통사고도 많이 일어난다. 밤늦은 시간에는 교통사고가 훨씬 덜 일어날 거라고 생각하기 쉬우나 실제 상황은 이와 다르다. 현지인들과 밖에서 식사를 하거나 술을 한잔 할 경우 다들 9시쯤 되면 마음들이 바빠지는 게 보인다. 차가 밀리기 때문에 서둘러 귀가해야 한단다. 밤 9시 이후가 되면 대형 버스도 미니 택시도 다니지 않기 때문에 도로는 쥐죽은 듯이 고요해지고 그때부터 음주 운전자들의 천국이 된다. 고급 바가 아니더라도 건물 밖으로 건물 높이만큼 술상자를 쌓아 놓은 곳은 대부분 술 파는 곳이다. 길가에 차를 세워 놓으면 의사들처럼 하얀색 가운을 입은 술집 종업원들이 쟁반을 들고 나와 주문을 받는다.

현지에서 만난 친구들이 자동차 랠리 하듯 도로를 달리다 한 곳에 이르러 차를 일렬로 주차하길래 무슨 일인가 싶었는데 순식간에 그런 일이 벌어지고 있었다. 맥주, 위스키, 와인은 물론 주식인 인제라도 주문이 가능하다. 다들 거나하게 취하면 종업원을 불러 차 안에서 계산까지 마친 후에 그대로 차를 몰아 귀가하는 분위기다.

술집 외관이 허름해 다 거기가 거기처럼 비슷해 보이지만 똑같은 술집은 아닌 것 같다. 친구들 중에는 단골 술집이 있는 사람들이 대부분이고, 그들과 동행하다 보니 유난히 사람들이 많이 몰려 언제나 주차하기 힘든 술집도 있다. 이런 술집 앞에는 외교용 차량이나 UN, 국제 NGO 번호판을 단 차량들이 줄지어 서 있다. 자국에서는 꿈도 못 꿀 일일 텐데 이것도 로마법이라고 생각하는지 음주운전 대열에 합류하는 외국인들이 의외로 많아 보였다.

친구의 사촌이 길에서 음주운전자가 몰던 차에 치여 즉사한 적이 있다. 신호등이 있어도 무용지물인데다 만취상태에서 운전하는 사람들이 대부분이라서 에티오피아 대도시의 교통사고 사망자 비율은 당분간 낮아지지 않을 것으로 보인다.

에티오피아
도로 풍경

에티오피아는 각 주마다 한정된 예산으로 살림을 하기 때문에 현지에 가보면 도시마다 분위기가 많이 다르다. 현재 정치적인 실권을 잡고 있는 사람들의 출신지라는 이유로 유명해진 메켈레Mek'ele 같은 도시는 에티오피아 정부를 포함해 외국 정부들까지 공을 많이 들여서인지 수도 아디스아바바보다 도시 외관이 세련되어 보인다.

에티오피아는 다른 여타의 아프리카 국가들처럼 강대국의 식민지 경험이 없다. 이탈리아가 이 나라를 한번 먹어보겠다고 5년을 싸웠는데 결국 지금 남은 건 에티오피아 저 시골을 가도 누구나 파스타 한 가지는 만들 줄 안다는 것과 좀 사는 집들의 철제 대부분이 이탈리아제

Ring Road라고 부르는 도로이며 아디스아바바 시내를 둥글게 둘러싸고 있다.
중국의 베이징은 자금성을 중심으로 한 Ring Road를 순서에 따라 2환 로드, 3환 로드라고 부른다.
아디스아바바 밖에서 시내로 들어올 때 이곳을 경유해야 하며 최단 거리로 시내 어디든 갈 수 있다.
평일은 좀 한산한데 주말엔 교외로 나갔다가 들어오는 차량들 때문에 정체가 아주 심하다.

라는 것 정도. 영국이 왔다간 나라들은 영국풍의 도시경관이, 프랑스가 왔다간 나라들은 프랑스풍의 도시경관이 남아 있는데 에티오피아의 모든 도시들은 자연적 발전 속도를 따라 형성되었기 때문에 전체적으로 봤을 때 제 맘대로인 곳이 대부분이다.

아디스아바바의 경우 평균 해발고도가 2,300미터가 넘는 고지대이기 때문에 쭉 뻗은 도로를 구경하기가 힘들지만, 도로 위에 움직이는 것들 중에 제법 재미있는 게 많다. 그 중 가장 재미있는 건 전세계에서 흘러들어 온 자동차들로, 출퇴근 시간대의 도로 위는 모터쇼를 방불케 한다. 이제는 한국에서 구경도 할 수 없는 포니를 이곳에서 구경할 수 있다. 장난감 같은 풍뎅이 모양 차량의 구모델도 눈에 많이 띈다. 한때는 한국의 아토스가 인기가 대단했는데 요즘은 눈에 잘 안 띈다. 아토스는 비록 토요타처럼 비포장 도로를 마구 달릴 수는 없지만 세금이 토요타의 절반이고 연비가 월등히 높아 현지인들이 선호한다고 했었는데 요즘은 아토스보다 경쟁력 있는 모델이 나타났나 보다.

에티오피아의 차량 번호에는 고유의 체계가 있다. 1번은 빨간색으로 미니 버스(혹은 미니 택시), 2번은 파란색으로 개인용, 3번은 녹색으로 상업용, 4번은 검은색으로 정부용, 5번은 오렌지색으로 로컬 NGO용 차량을 의미한다. 같은 오렌지색을 쓰면서 35로 시작되는 번호판도 있는데 이는 국제 원조기관을 의미한다. 대사관에서 운영하는 차량의 경우 번호판만으로 국가를 구분할 수 있다. 참고로 1번은 이탈리아, 2번 프랑스, 3번 영국, 4번 미국, 5번 벨기에, 6번 터키, 7번 이집트, 8번 체코, 9번 슬로바키아, 10번 러시아, 12번 인도, 14번 독일, 56번 중국이

4번으로 시작되는 차량 번호판. 티그레이 지역이라 TG이고 아디스아바바는 AA가 표기됨.

국제 원조기관들의 차량 번호판

다. 한국은 37번으로 시작한다.

　도로는 종로 3가, 압구정 1번지처럼 번호가 붙어 있는 이름이 따로 있지만 아무도 그렇게 부르지 않고 눈에 띄는 큰 건물이나 그곳에서 진행했던 큰 행사 이름을 도로이름으로 그대로 사용하는 경우가 많다. 마스칼이라는 행사를 하는 광장은 마스칼 광장, 근처에 제일 큰 빌딩이 AA 빌딩이라면 AA, 이런 식이다. 번호가 그대로 지명이 된 곳들도 많다. 숫자 22를 암하릭어로 '하야 훌렛'이라고 하는데 도로명 22번을 따서 '하야 훌렛'이라고 부르는 곳이 아디스아바바에 정말 있다. 서브 시티로 유명한 칼리티에는 '제로 스믄트'라고 부르는 곳도 있는데 암하릭어로 제로 스믄트는 '08'을 의미한다. 이 도로 이름을 잘 알아둬야 대중교통을 이용할 때 제대로 타고 내릴 수 있다.

마르카토, 이곳에 없으면
세상에도 없다

벼르고 별러 마르카토Markato에 다녀왔다. 가기 전에 제발 혼자 가지 말라고 말리는 사람들이 워낙 많아서 내심 기대가 없던 것도 아니었다. 일단, 여행하면서 본 다른 어떤 지역의 마르카토보다 규모가 무척 큰 편이었다. 그러나 뚜껑이 없어 하늘을 보면서 구경할 거라 기대했는데 내가 방문했을 때는 점차 뚜껑이 있는 상태로 가고 있는 과도기였다.

동아프리카 최대의 재래시장이라고 하는 마르카토에 다녀온 이야기를 하려고 한다. 아프리카 최대의 재래시장이라고 하는 현지인들도 만났는데 비교대상이 없으니 믿을 수가 있나. 그러나 동아프리카 지역에 이 정도 규모의 재래시장이 있을 만한 곳은 에티오피아뿐이니 그 말은 믿을 수밖에. 마르카토는 '시장'이란 뜻의 이탈리어어다.

아디스아바바에 시장이 많은데 유독 이곳만 마르카토라고 부른다. 지방 여행하면서 찾아간 시장들을 마르카토라고 부르는 사람들이 있지만 현지인들은 고개를 심하게 흔들며 마르카토는 아디스아바바에만 있다고 주장한다. 에티오피아에서 '마르카토'는 더 이상 시장의 의미가 아니라 고유명사화되었다는 느낌이 든다.

아디스아바바의 마르카토는 품목별로 구획이 잘 나뉘어 있다. 향신료를 파는 곳에 가면 향신료만, 생활용품을 파는 곳에 가면 생활용품만 모아져 있다. 특히 커피의 경우 이곳이 발상지답게 그 규모가 어마어마하고 특히 향이 정말 끝내준다. 그리고 품목은 다르지만 각 민족별로 네트워크가 잘 되어 있어 전국 각지에서 몰려 온 오로모족, 암하라족, 티그레이족, 구라게족 등의 그룹을 한꺼번에 만날 수 있다.

어디서 왔느냐고 물어봐서 한국에서 왔다고 했더니 한국제품을 권해 주는데 주전자, 냄비 같은 양은洋銀 제품이 현지 물건에 비해 아주 고가로 거래되고 있었다. 비싸다고 했더니 좀 아래 등급이라며 권하는데 예외없이 중국산이었다. 아프리카 전체에 중국산이 홍수를 이루는

마르카토 전경

데 에티오피아도 예외는 아니었다. 질이 낮아 선진국에는 수출할 꿈도 못 꾸는 물건들이 중국 노동자들의 손에 들려 다 에티오피아로 들어오는 것 같다. 현지인들은, 신발은 냄새가 나서 신을 수가 없고, 전자제품도 한 번 쓰면 더 이상 사용하기가 힘들다며 중국산 제품에 대해 내게 불만을 토로했다.

볼펜 정도의 굵기에 10센티미터 정도 길이의 나뭇조각을 상자에 담아 파는 사람들이 있어 용도가 뭐냐고 했더니 양치용 나무란다. 양치를 안 하고 이것만 사용하는지 모르겠지만 이것으로 치아를 문지르기도 하고 즙이 나오는지 오래도록 물고 있는 사람들을 흔히 볼 수 있다. 이 나뭇조각이 원인인지는 모르겠지만 에티오피아 사람들은 치아가 고르고 치아 색깔이 아주 하얗다. 이곳에서 만난 일본인들은 에티오피아인들의 치아를 많이 부러워했다. 마르카토에는 이런 나뭇조각에서부터 전자제품에 이르기까지 정말 없는 게 없다. 이 나라 사람들은 마르카토에 엄청난 자부심을 가지고 있어 감히 "이곳에 없으면 세상에 없다"고 주장한다.

현대식 건물도 많이 올라가고 있는데 이런 건물 안은 우리나라 동대문이나 남대문 시장과 별 차이가 없다. 실내보다 바깥에 볼거리가 많지만 사람과 자동차, 노새(현지어로는 '로바')까지 뒤엉켜 미로 같은 길을 걷다 보면 정신이 없다. 이럴 때 주의해야 한다. 우리나라도 재래시장을 다닐 때는 주머니 관리를 잘해야 하듯이 여기서도 예외가 아니다. 외국인들은 관광가이드나 현지를 잘 아는 에티오피아 사람들과 가는 게 안전하겠지만 소지품을 빈틈없이 잘 챙기고 사람 사는 곳이라고 생

마르카토 커피 판매 코너

마르카토 향신료 판매 코너

마르카토에서 거래되는 잡화들

메이드인 차이나 신발

현대식 건물이 올라가고 있는 마르카토

각하고 마음을 편하게 먹으면 하루를 즐겁게 보낼 수 있는 곳이 바로 이곳이다. 마르카토에 대한 악성루머가 많아 차에서 내리지도 않고 차 창으로만 구경하는 외국인들이 있는데 필자는 이런 식의 관광은 별로 권할 것이 못 된다고 생각한다. 하지만 지갑과 카메라를 주의하고 혹시 악수를 청하는 꼬마들을 만나면 정신을 바짝 차리고 경계해야 한다. 난 바보처럼 악수에 눈이 멀어 북부 메켈레 시장에서 카메라를 잃어버린 적이 있다.

마르카토 북쪽에는 장거리 버스 터미널이 있다. 여기서 버스를 타면 에티오피아 여기저기를 여행할 수 있으니 위치를 확인해두면 좋다. 그러나 차 시간은 별 의미가 없다. 에티오피아에서는 어떤 지역이든 차에 손님이 다 타야 출발한다. 손님이 없으면 한 시간이고 두 시간이고 기다려야 한다. 심지어는 그 날 손님이 다 안 차면 안 간다고 하는 황당한 경우도 있다. 그렇다고 어이없어하며 화를 내는 사람들은 외국인들밖에 없다. 현지인들은 저 사람들 왜 저러지, 손님이 없어 안 간다는데, 이런 표정이다. 제1장 출발 편에서도 언급했지만, 국내선 비행기에서도 이런 일이 있어 늦게 출발하고 늦게 도착하는 건 애고고 한 도시에서 며칠씩 기다려야 할 때도 있다. '뭐 이런 나라가 있어?' 하면 그 여행은 한없이 힘들어지지만 '아, 이 나라는 이런가 보다' 하고 체념해버리면 그래도 여행할 만한다.

마르카토를 나오면서 현지인에게 마르카토가 어떻게 이런 형태의 상가 모습을 갖추게 되었느냐고 물어봤다. 과거의 마르카토 모습을 그 옛날 이곳을 여행했던 사람들이 그린 삽화를 통해 본 적이 있는데 지금과는 모양도 규모도 많이 달랐던 것이다. 현지인에 따르면, 태국인 지 대만인지 기억을 못하는데 그 어느 나라 사람들이 와서 원래 재래 시장으로 이용되던 이곳을 개발해 대형몰을 지을 생각을 했었나 보 다. 그래서 터잡는 공사를 하면서 이곳에서 이미 자리를 잡고 장사하 는 사람들을 일일이 찾아다니면서 보상을 해 줄 테니 떠나라고 했단 다. 일부 보상을 받고 떠난 사람들이 있긴 하지만 그 작업의 끝이 보이 지 않아 결국 그 외국인들은 몰을 짓는 작업을 포기하고 이곳을 떠났 다고 한다. 그러다 보니 주거지역과 상업지역이 혼재되어 지금과 같은 모습의 마르카토가 만들어졌고 지금도 유지가 되고 있단다. 마르카토 의 역사에 관한 또다른 이야기는 위의 내용과는 조금 다르다. 이탈리 아 사람들이 만든 지금의 피아사 지역 주변이 커지면서 인근 상인들에 의해 마르카토가 형성되었다는 것인데 취급 품목이나 인접성 등을 고 려하면 충분히 설득력이 있다.

당연한 이야기 같지만, 일반 수퍼마켓이나 백화점보다 물건값은 마 르카토가 몇 배나 싸다. 그러나 흥정을 아주 오래해야 한다. 재래시장 에서의 흥정은 게임이다. 게임에서 이기면 내가 돈을 따지만, 지면 돈 을 잃게 되는 것이다. 이러한 만고불변의 게임의 법칙은 재래시장의 흥 정에서도 그대로 적용된다.

벌레
열전

에티오피아를 방문한 그 어떤 '파렌지'(현지어로 '외국인'이라는 뜻)도 피해갈 수 없는 게 한 가지 있다. 바로 '꼰니짜'와의 만남이다. 현지인들의 경우 익숙해서인지, 아니면 검은 피부는 꼰니짜들이 반가워하지 않는지, 그다지 고생스러워 보이지 않는데 파렌지들에게는 정말 전쟁이다. 청결상태만 유지하면 꼰니짜는 거의 구경할 수 없다. 간혹 집에서 꼰니짜를 만나는 경우도 있겠지만 원인이 집안이 아닌 경우가 대부분이다. 집밖에서 꼰니짜를 만나면 속수무책이다. 심지어 고급 호텔에서도 이 꼰니짜를 만날 수 있다. '꼰니짜'는 현지어로 '벼룩'을 의미한다.

에티오피아에 와서 얻은 수확(?) 중에 하나가 바로 이 꼰니짜의 경험이다. 아마 이곳에 안 왔으면 평생 경험하지 못했을지도 모른다. 한국이 잘 사는 나라 소리 듣게 된 지가 얼마 안 된 것 같지만 우리는 머릿니, 옷니를 이미 가난과 함께 버렸고, 벼룩도 더 이상 사람과 같이 살 수 없게 만든 지 오래다. 그래서 잘 몰랐던 벼룩을 이곳 에티오피아에서 만났던 것이다. 벼룩은 직접 본 적도 없고 가끔 신문이나 잡지 유머란에 높이뛰기 선수로 묘사한 걸 겨우 기억하는 정도가 알고 있는 전부였다.

타다닥, 느낌이 오고 나서 확인하면 여지없다. 꼰니짜가 다녀간 것이다. 스멀스멀, 느낌이 와도 마찬가지다. 피가 나도록 긁어도 가려움은

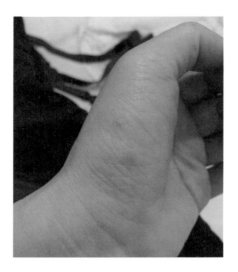

꼰니짜가 지나간 자리

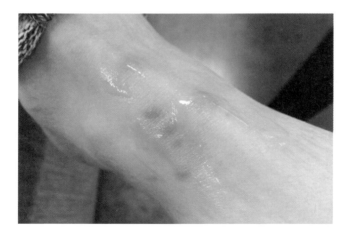

버스에 앉자마자 꼰니짜가 지나간 자리

멈추지 않고, 그래서 생긴 흉은 없어지지도 않는다. 파렌지들의 경우, 꼰니짜의 대비책으로 가려움을 가라앉히는 연고들을 챙겨 오는데 소용이 없다. 약을 바르거나 바르지 않거나 꼰니짜가 한번 다녀가고 나면 일주일 정도는 가려움과 함께 생활해야 한다.

한국에서라면 부끄러운 일이겠지만 이곳에서는 초면의 사람이라도 만나 서로 이야기하는 도중 꼰니짜가 방문하면 아무렇지도 않게 여기저기 긁어가면서 대화를 이어간다. 처음 만난 파렌지와 어색한 분위기를 부드럽게 할 때 이 꼰니짜로 서두를 꺼내는 경우가 많다. 견딜 만하냐, 가려움을 다스리는 방책 같은 게 있으면 얘기해 봐라, 어젯밤에는 한 스무 군데 물린 것 같은데 너는 어떠냐, 뭐 이런 식이다. 에티오피아 여행이 끝나고 귀국하는 사람들의 경우 가지고 있는 약을 주고 가기도 한다. 꼰니짜에는 이거 이상 좋은 약 없다면서…….

언급했다시피 약을 바르거나 바르지 않거나 꼰니짜한테 물리면 일주일은 고생해야 한다. 몸을 제대로 닦지 않는 사람도 많고 개, 고양이 등을 목욕도 시키지 않은 채 키우는 경우도 비일비재하다. 게다가 환경오염에 대해 무지하기 때문에 여기저기 마구 버린 음식물 쓰레기로 살아가는 쥐들도 많다. 그런 이유로 꼰니짜들에게 에티오피아는 천국인 것이다.

에티오피아 사람들의 인사법 또한 꼰니짜들에게 좋은 번식 환경을 제공해준다. 여기 사람들은 만나면 반가운 만큼 양볼에 가벼운 키스를 하거나 오른손으로 악수를 한 후 서로의 오른쪽 어깨를 툭, 부딪히면서 살짝 끌어안으며 인사를 하는데 이때 벼룩들이 살 곳을 옮기게 된다. 반갑다고 인사하는데 꼰니짜가 올지 모른다고 인사를 안 할 수는 없지 않은가. 대중교통을 이용할 때 슬쩍 스치는 것만으로도 꼰니짜를 초대할 수 있다. 꼰니짜는 빈부도 따지지 않고, 남녀노소, 지위고하도 가리지 않는다. 공격하면 속수무책 당할 수밖에 없다.

이곳에 살면서 꼰니짜에 고생하지 않기 위해 터득한 방법은 무조건 집에 돌아오면 털 수 있는 건 다 털어내고 샤워를 한 후 새옷으로 갈아입는 것이다. 그리고 방에는 물론 침대의 이불을 들고 속에까지 흥건하게 약을 뿌리는 것이다. 침대에는 베드버그(빈대) 또한 있기 때문이다. 이곳은 아직 독한 약들을 많이 사용하지 않기 때문에 약을 살짝만 뿌려도 모기, 파리, 바퀴벌레 들이 맥을 못 춘다. 호텔에 투숙했을 때 주인이 베드버그가 없다고 아무리 손사래를 쳐도 약을 달라고 한 후 손수 뿌려야 편안하게 잠들 수 있다. 그렇게 했어도 살아남은 것들에게는 살을 좀 뜯겨야지 별 수 없다.

커피 투어리즘 전공 덕분에 수도에서 몇 백 킬로미터 떨어져 있는 커피 산지에서 조사를 하는 경우가 많은데 커피 밭에 무방비로 들어갔다가 빨간 개미 떼에게 습격당한 적이 있다. 빨간 개미들은 우리가 흔히 아는 착한 개미들이 아니다. 다리를 타고 몸으로 들어와 살점을 뜯을 때 비로소 감지를 하고 털어내려 시도를 하지만 언제나 요지부동이다. 부끄러움도 모르고 바지를 다 벗고 다른 사람의 도움을 받아 개미들을 떼어낸 적이 있다. 상처는 일주일이 지나도 아물지 않았다.

모래벼룩이라는 것도 있는데 손톱 밑이나 발바닥을 뚫고 들어가 안에 알을 낳으면 손발이 퉁퉁 붓는다. 날이 덥다고 슬리퍼나 샌들을 신고 활보하는 여행객들을 많이 만나는데 이러한 복장은 벌레들의 공격에 취약할 수밖에 없다. 에티오피아의 벌레들은 말라리아만큼 주의하는 것이 좋다.

코리안
빌리지

전세계에 한국인이 단 한 명도 살지 않으면서 동네 이름에 '코리아'가 붙은 그런 곳이 있다. 현지에서는 일명 '코리아 사파르Korea Sefer'라고 부르는 곳이다. 사파르는 현지어로 '지역' 정도의 의미. 아디스아바바 시내의 아라트 키로라는 곳에서 벨라로 가는 미니버스를 타고 '케벨레Kebele 5'에서 내리면 이 마을을 만날 수 있다. 케벨레는 우리나라 행정구역상의 '동洞'에 해당된다. 코리아 사파르는 케벨레 5에서 케벨레 6에 걸쳐 있다.

마을은 아주 남루하기 짝이 없었다. 허름한 건물 외벽과 엉성한 양철지붕이 우리나라 달동네를 연상케 했다. 이곳은 1950년 한국전쟁 때 유엔 참전국 16개국 중 하나였던 에티오피아의 참전 용사들이 전쟁이 끝나 본국으로 귀환한 후 자연스럽게 만들어진 마을이다. 약 3만 명

코리안 빌리지 입구

의 주민 중에 참전용사 가족들이 약 6천 명 산다고 한다. 1970년대 사회주의 체제의 돌입으로 한국전 당시 북한을 상대로 싸웠던 이들은 모진 시련을 겪게 되고 그 여파로 주민들 대부분은 여전히 빈곤상태를 벗어나지 못하고 있다. 2007년에 참전용사 후손을 만나 인터뷰를 한 적이 있는데 당시 조사에 따르면, 마을 안에 모스크가 하나 있지만 이슬람교(에티오피아 전체 인구 절반이 믿고 있다) 신자는 5% 정도고, 90% 이상이 에티오피아 정교회 신자들이다. 가난을 탓하지 않는 정교회 교리 때문인지 대부분의 에티오피아 정교회 신자들은 아주 가난하다. 마을 안에 공공시설이라고는 한국 정부가 지어 준 초등학교가 전부이다. 학령기의 아이들 중 13.4%만 이곳 초등학교에 다니고 있다고 했다.

지금은 우리한테도 원조를 받고 있는 에티오피아지만 1950년대만 해도 황제시대로 태평성대를 구가하고 있었다. 당시 에티오피아 정부가 파견한 참전용사들은 '깍뉴Kagnew'라고 불리던 황제의 근위병들이었다. 당시 총 6,037명이 파병되었으며, 253개의 주요 전장에서 단 한 명의 포로 없이 총 122명이 전사했고, 536명이 부상을 입었다. 치료시설이 열악해 부상자들은 대부분 유엔의 군용헬기에 실려 일본에서 치료를 받았다고 한다.

1951년 4월 13일 제1차 깍뉴부대(깍뉴부대는 1965년 3월 1일 본국으로 완전히 철수할 때까지 총 5차에 나누어 파병되었다)를 싣고 에티오피아를 출발한 배는 중간에 그리스, 태국, 필리핀 병사들을 태운 후, 같은 해 5월 6일에 부산항에 도착한다. 간단한 훈련을 마치고 이들은 바로 그 해 8월부터 전장에 투입되어 크고 작은 전투에서 용맹을 과시하며 혁혁

한 공훈을 세운다.

특기할 만한 사실이 하나 더 있는데 전쟁중에도 깍뉴부대원들은 전쟁고아들을 돌보는 일을 하기도 했다. 상상이 가지 않지만 교전중일 때는 고아들을 안전한 곳에 대피시키면서 끝까지 함께했다는 것이다. 휴전 후 돌보던 고아들을 위해 고아원을 운영하기도 하고 이들을 해외로 입양하는 일도 추진했다고 하는데 그리스나 다른 참전국에는 군인들을 따라간 고아들이 많았지만 피부색이 검다는 이유로 에티오피아 참전용사들을 따라간 고아들은 한 명도 없다고 한다. 깍뉴부대는 1년을 주기로 교체되었는데 참전용사와 결혼까지 간 한국인은 없었다고 한다. 그러나 치료차 혹은 휴가를 즐기러 일본을 방문했던 병사들과 일본 여인들과의 로맨스는 지금도 노래로 불려지고 있다. 이 노래는 같은 리듬으로 일본에서는 일본어로, 에티오피아에서는 암하릭어로 불려지고 있다. 제목은《저판완 워디제Japanwan Wodije》.

한국전 참전용사들 중에 전쟁이 끝난 후 콩고 내전에 참가했던 병사들도 많다고 하는데 이상하게 '콩고 빌리지'는 남아 있지 않고 에티오피아에는 '코리안 빌리지'만 남아 있다. 현재 한국의 월드비전을 비롯해 몇 개의 NGO 단체가 유아 혹은 여성을 위주로 지원을 하고 있는데 효과는 미미한 편이다. 한국 정부에서는 현재 한국국제협력단KOICA에서 초등학교를 지어준 후 이곳에 교사를 파견하고 있다. 강원도 춘천시가 아디스아바바와 자매결연을 맺은 인연으로 똑같은 모양의 참전용사회관을 춘천과 아디스아바바에 지었는데 아디스아바바의 경우 건물을 제대로 활용하지 못하고 있는 것 같다. 아디스아바바를 방문

코리안 빌리지 입구 간판. 마을의 형성 배경이 소개되어 있다.

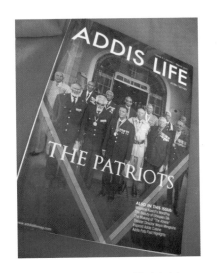

한국전 참전용사들을 소개한 잡지 커버

코리안 빌리지에서 만난 학생들

하는 한국인들이 '코리안 빌리지'를 방문하는 경우가 많고 나도 근처에 가게 되면 괜히 한번 들러보는데 큰 변화의 조짐은 보이지 않는다.

에티오피아에서
만난 아시아

세계 최빈국이라는 에티오피아에서 다양한 경험을 많이 했다. 길거리에서 아무렇지도 않게 손을 내밀어 구걸을 하는 사람들에는 아직도 적응이 힘들지만 무조건 헬로우, 하고 뛰어와 손만 잡고 그냥 도망치는 어린 아이들에게는 이제 적응이 되었다. 그래서 헤이, 차이나, 하고 누군가가 부르면 손을 내밀 준비를 한다.

　에티오피아 전체에 도로를 까는 일을 거의 중국인들이 하고 있기 때문에 대도시든 시골이든 현지인들은 아시아인을 보면 무조건 "차이나"라고 부른다. 챙이 있는 모자에 커다랗게 태극기를 달고 다녀도, 그리고 그 태극기 아래에 노란색으로 선명하게 'KOREA'라고 박아 넣었는데도 그냥 "차이나"라고 부른다. 돌아보든 말든 그냥 일단 불러놓고 본다. 2014년을 기준으로 에티오피아 전체에 한국인은 370여 명, 일본인은 240여 명 체류하고 있고 중국인 수는 수만을 헤아리고 있다. 직접 만난 중국인은 약 5만 명이 살고 있다고 하는데 정부기관 사람들에 의하면 그 이상이라고 한다. 중국인들은 에티오피아뿐만 아니라 아프리카 전체에 워낙 많이 들어와 살고 있기 때문에 중국 문화가 곧 아시아 문화로 둔갑을 해서 한국인도, 일본인도, 중국 사람과 같은 문화를 가지고 있느냐는 질문을 많이 받는다. 적어도 아프리카에서는 현재 중국이 아시아 문화를 대표하고 있다.

질 낮은 중국산 제품이 에티오피아를 점령한 지는 아주 오래되었다. 그 덕분에 한국에서 온 물건들은 중소기업 제품도 명품 취급을 받는다. 도로를 깔아도 금방 갈라지고 패는 통에 신뢰를 할 수 없다는 얘기를 하면서도 중국이 가지는 가격경쟁력 때문에 어쩔 수 없이 지금도 에티오피아 곳곳에서 중국인들이 도로 포장공사를 하고 있다. 우리나라 업체로는 유일하게 경남기업이 1997년 아디스아바바 국제공항 건설공사를 수주한 이후 지금까지 에티오피아에 진출하여 활동중이다. 경남기업은 그간 지방도로도 여러 구간 건설했는데, 자타 공히 명품으로 인정받고 있다.

에티오피아를 구성하는 민족 중 많은 비중을 차지하는 암하라족들의 주 거주지는 바하르 다르$^{Bahar Dahr}$라는 곳이다. 이곳은 에티오피아 최대 담수호로 면적이 3,000제곱킬로미터나 되는 타나 호수$^{Lake Tana}$와 나일강의 원류인 블루 나일을 볼 수 있는 곳이기도 하다. 이곳에서 버스로 30분 정도 가면 머라위^{Merawi}라는 곳이 나오는데 이곳에 사는 중국인들은 먹는 것을 자급자족하고 있다. 2006년만 해도 수도인 아디스아바바 이외의 장소에서는 배추를 구경하기가 힘들었는데 머라위

에티오피아 어디에서나 중국인 밀집지역에서는 배추를 구할 수 있다.

중국인 덕택에 시골에서도 간이 탁구대를 만날 수 있다.

에 가면 중국인들이 농사지은 배추를 구경할 수 있었다. 먹는 게 입에 안 맞는다고 언제 본국으로 돌아갈지 모르는데 직접 농사를 짓는 중국 사람들이다.

일본은 체류 인구수는 한국에 밀리지만 머무는 장소 수에서는 한국을 압도한다. 대부분의 일본인들은 아디스아바바와 같은 대도시가 아닌 지방 곳곳에 흩어져 살고 있다. 우리나라 국제협력단(KOICA, 코이카)의 모델인 일본국제협력기구(JICA, 자이카)의 자원봉사자들이 시골 구석구석까지 파견이 되어 그들의 기술과 문화를 전수하고 있기 때문이다. 바하르 다르에서 만난 코이카 봉사단원에 따르면 한국의 경우, 안전을 이유로 현재 대도시 위주로 파견을 하고 있다고 한다. 머라위에 갔을 때, 그 시골 구석에서 자이카 봉사단원을 만나 좀 놀랐다. 일본은 현재 아프리카 대부분의 나라에 자이카 봉사단원을 파견하고 있다. 보통 파견 기간이 2년이니까 봉사 기간을 마친 이들은 파견 지역의 전문가가 될 가능성이 아주 높다.

에티오피아를 여행하면서 단지 아시아인이라는 이유로 자이카 봉사단원들을 많이 만났다. 동네에 파렌지가 나타나면 현지인들은 부탁하지 않아도 그 사람들이 사는 곳으로 안내를 한다. 자이카 봉사단원들을 만나면서 자기가 머무는 곳에 자기가 먹을 농작물을 재배하는 중국이라는 나라보다도 지구촌 곳곳에 일본 문화의 메신저가 될 '사람'을 심는 일본이라는 나라가 부러웠다. 10년째 벼룩과 빈대 천국인 에티오피아에서 무엇인가를 연구하고 있는 일본인 연구자들을 만났을 때는 참으로 존경스러웠다. 우리는 미국이 몇 개의 주로 이루어졌는지 아는 사람은 많아도 아프리카 대륙에 몇 개의 나라가 있는지 제대로 아는 사람은 아직까지 드물지 않는가.

What's Out
(왓츠 아웃)!!

외국 잡지 모으기를 좋아하는데 현지에 도착하면 서점에 들러 『타임 *Time*』이나 『뉴스위크*Newsweek*』가 아닌 그 나라 말로 만들어진 잡지를 우선 찾아본다. 특히 현지인이 아닌 그 나라에 거주하는 외국인을 위해 발행되는 잡지에 관심이 많은데, 대부분 무가지 형태로 보급되는 게 많고, 내용이며 판형 등이 자유로워서 모아놓으면 재미있다.

　아디스아바바의 다운타운이라고 할 수 있는 '피아사'에 가면 헌책방들이 많다. 간혹 귀한 책들을 발견하기도 하지만 말도 잘 못하는 외국인들은 가면 바가지 쓰기 딱 좋다. 근처에 '북월드*Book World*'라는 대형 외국어 전문 서점이 있다. 이 서점은 체인점 형태로 운영되며 현지인들보다는 외국인들이 더 많이 이용한다. 사르베트 근처에도 이 서점이 있는데 대부분 외국인들이 주 고객이다. 『왓츠 아웃! 아디스*What's Out! Addis*』라는 무가지가 있는데, 호텔이나 레스토랑, 관광안내소 등에서 구할 수 있고, 외국인 대상 서점 등에서도 만날 수 있다. 매월 발행되며, 판형은 국판(A4의 절반 사이즈)보다 약간 작다. 전체는 표지 포함해서 50쪽이 넘는다. 내용은 외국인들이 아디스아바바에 사는 데 도움이 되는 실속 정보들로 채워졌다. 매달 이슈를 선정해 기사를 싣고, 병원광고, 맛집정보, 요리정보는 물론 전시, 영화, 연극 등 각종 문화예술 정보까지 망라되어 있다.

에티오피아는 세수税收의 50~60% 정도를 외국의 원조에 의지하고 있다. 이를 위해 전세계 각국에서 관련 단체들이 오늘도 속속 입국하고 있는데, 국제기구 멤버들, 각종 NGO단체 멤버들, 선교사들까지 체류하는 사람들 면면을 살펴보면 완전히 인종 천국이 따로 없다. 문화 관련 인프라가 제대로 마련되어 있지 않기 때문에 이곳에서 만난 외국인들은 이곳엔 특별히 볼거리, 놀거리, 할거리가 없다는 이야기를 많이 한다. 그러나 이런 사람들이 끊임없이 뭔가를 만들어내고 있기 때문에 오히려 흔히 아는 문화시설(극장, 공연장, 갤러리 등)에서 생산되는 콘텐츠들보다 아기자기하고 재미있는 것들이 의외로 많다.

아디스아바바는 외교 도시답게 대사관들뿐만 아니라 해외문화원들도 많이 상주해 있다. 우리나라에도 들어와 있는 영국문화원, 프랑스문화원, 독일문화원이 이곳에 다 있다. 프랑스문화원은 이곳에서도 프랑스어 보급을 비롯해 에티오피아와의 예술관련 국제교류 활동을 활발히 진행하고 있다. 『왓츠 아웃! 아디스』에서는 문화원에서 하는 그 달의 주요 행사들도 소개하고 있어 방문하기 전에 참고할 만하다. 그리고 가끔 벼룩시장 정보도 게재가 되는데 벼룩시장에서 보물을 만

『왓츠 아웃 아디스*What's Out! Addis*』 표지

사르베트 근처의 Book World 내부 모습. 사진 왼쪽 벽면은 IT와 Business 서적 코너

날 때가 많다.

에티오피아 현지에서는 인터넷 사정이 그리 좋지 않아 잡지를 인터넷으로 본다는 건 무리지만 아디스아바바의 이슈가 궁금하면 한국에서 www.whatsoutaddis.com로 들어가 내용을 바로 확인해 볼 수 있다. 참고로 이 사이트는 연결이 안 될 때가 더 많다. 그리고 『왓츠 아웃! 아디스』가 발간되기 전에 『왓츠 업!*What's Up!*』이라는 무가지가 있었다.

V
커피의 나라, 에티오피아

에티오피아에는
'모카'가 없다?

커피 하면 세계 최대의 커피 생산국인 브라질이나 콜롬비아를 떠올리는 사람들이 많지만 커피의 발상지는 에티오피아다. 커피coffee의 어원도 에티오피아 서남부의 커피 산지 '카파Kaffa'에서 유래했다는 설이 유력하다. 카파 근처의 짐마Jimma를 커피의 고향으로 소개하기도 하는데 카파에는 카피노노, 혹은 카피초를 말하는 카파인들이 살고 있고, 짐마에는 오로믹야 혹은 오로미파를 쓰는 오로모 사람들이 다수를 이룬다. 커피를 마시는 풍경도 두 지역이 많이 다른데, 커피의 역사가 오래된 카파 쪽이 훨씬 다양한 커피문화를 가지고 있다. 2010년 6월 카파는 유네스코 생물권 보전지역으로 등재되는데, 이 해는 우리나라의 광릉수목원이 유네스코에 등재된 해이기도 하다.유네스코는 아라비카 커피의 원산지를 카파라고 공식적으로 발표하면서, 카파 지역은 5천 종이 넘는 야생 식물종 유전자의 보고라고 세계에 알렸다. 실제 카파에 가면 사람의 손이 닿지 않는 곳에서 자라는 야생 커피를 쉽게 볼 수 있다.

우리나라 사람들이 즐겨 마시는 커피 중에 '모카Mocha' 커피라는 것이 있는데 모카커피로 유명한 곳이 에티오피아다. 그러나 에티오피아에는 '모카'라는 곳이 없다. 에티오피아의 커피가 홍해를 사이에 두고 마주보는 아라비아반도 예멘의 항구도시인 모카 항을 통해 유럽 각지로 수출되면서 유럽 사람들이 항구 이름을 따서 모카커피라고 부르게 된 것이다. 커피벨트®에 모카커피 생산지역으로 에티오피아와 예멘을 동시에 표기하는 이유는 바로 이 때문이다. 대신 모카라는 말 뒤에 '하라르', '김비' 등의 커피 산지명을 붙여 구분한다.

커피는 물이 충분하고 기후가 서늘한 열대지방의 고지대에서 잘 자란다. 해발고도 1,500미터 이상의 지대가 많은 에티오피아는 가히 커피 재배의 최적 환경으로 손색이 없다. 인간의 발길이 닿기 이전부터 에티오피아의 야생에서는 커피가 자라고 있었고, 현재도 야생에서 수확하는 양이 상당하다. 커피 역사와 관련된 자료에 항상 소개되는 이야기가 있다. 6세기경 에티오피아의 칼디Kaldi라는 목동이 돌보던 염소가 빨간 열매와 잎을 먹은 뒤 갑자기 활기를 되찾고, 밤에는 잠을 자지 않는 것을 수상히 여겨 다음날 그 나무를 찾아냈는데, 그게 바로 커피나무였다고 한다. 칼디는 가까운 수도원의 한 수사에게 이 사실을 알렸고, 열매의 힘이 악마에게서 온 것임을 두려워한 수사는 그 열매를 불 속에 던져 넣었다고 한다. 그러자 그 불길 속에서 향긋하면서 아주 독특한 향이 퍼져 나왔는데, 이 특별한 열매는 순식간에 수도원의 모든 수사들에게 알려졌다. 그 후 커피는 에티오피아 수도원의 성직자들뿐만 아니라 이슬람 사원의 성직자들에게도 졸음을 쫓아내면서 수행과 명상, 기도를 돕는 식품으로 애용되었다고 한다.

에티오피아는 국토의 약 80만 헥타르 지역에서 연간 약 50만 톤의

● 커피는 적도를 기준으로 남북회귀선 25도 사이에서 주로 재배되는데 이를 '커피벨트'라고 한다.

커피 생두

야생에서 자라는 커피

커피를 생산하고 있는데 이는 아프리카에서는 가장 많은 양이며, 전 세계적으로는 5위 규모이다. 국토의 절반 이상이 고원으로 이루어져 있는 에티오피아의 커피 주요 산지는 남부 및 서남부의 고원지대이다. 지역별로 커피 맛에 차이가 있지만, 하라르^{Harar 혹은 Harrar}, 이르가체프^{Yirgacheffe}, 시다모^{Sidamo}, 짐마^{Jimmah}, 김비^{Ghimbi}, 리무^{Limu}, 네켐트^{Nekempt} 등이 비교적 잘 알려진 커피 생산지로 이 산지의 이름을 따서 커피의 이름이 지어진다. 특히 '모카'라고 부르는 '하라르'와 '김비'는 향이 강한 종으로, 주로 자연건조법에 의해 커피를 가공한다.

커피
생산방식

학술적으로 에티오피아 커피의 생산 방식을 구분하는 기준은 따로 없지만, 흔히들 야생커피^{wild forest coffee}, 반야생커피^{semi-wild forest coffee}, 가든커피^{garden coffee}, 농장커피^{plantation coffee} 등 네 가지로 분류한다.

야생커피는 우리나라의 산삼을 생각하면 이해하기 쉬운데 사람의 손이 닿지 않는, 말 그대로 야생에서 자라는 커피이다. 에티오피아 서남부 지역 카파나 벨레테-게라 등에 가면 지금도 원시림에서 자라는 야생커피를 볼 수 있다. 반야생커피는 일종의 장뇌삼처럼 야생에서 자라지만 사람이 가지를 쳐주거나, 그늘을 만들어 주거나, 거름을 주면서 생장에 개입을 하는 커피이다. 가든커피는 집주변에 다른 농작물과 함께 기르는데 판매용이라기보다는 자급자족용이라고 할 수 있다. 에티오피아 사람들은 다른 커피생산국 농민들과 다르게 커피를 생산하면서 마시는 습관이 있는데 이런 견인차 역할을 하는 게 바로 커피 세리머니이다. 커피 세리머니를 즐기면서 하루 세 번, 한 번에 세 잔씩 커피를 마시는 습관 덕분에 커피 생산량의 절반 이상은 에티오피아 내에서 소비되고 있다. 농장커피는 정부 소유의 대규모 농장에서 기른 커피라서 한때 스테이트state 커피라고도 불렀는데 최근에 민간으로 소유권이 이전되고 있다. 가장 큰 규모의 버버카 커피 농장도 2011년 민간에 팔렸다.

에티오피아 커피는 기계가 아니라 손으로 채취를 하는데 가공 후의 선별작업도 주로 손으로 이루어진다. 커피 가공방식은 습도, 일조량, 물 공급 능력, 농장의 규모에 따라, 혹은 전통식이냐 현대식이냐에 따라 차이를 보이는데 커피 가공방식은 커피의 품질과 맛, 향에 큰 영향을 미친다. 이런 가공방식은 크게 습식법(수세식, Washed), 건식법(자연건조법, Natural), 펄프드 내추럴(반수세식, Semi-washed) 방식으로 나뉘는데 에티오피아에서는 주로 습식법과 건식법으로 커피를 가공한다. 건식법은 특별한 설비가 따로 필요하지 않은데 태양 아래 고추를 말리듯이 커피를 말리는 방식이다. 습식법은 특별한 설비와 풍부한 물이 확보된 상태에서 가능하며 건식법보다 균일한 품질의 생두를 얻을 수

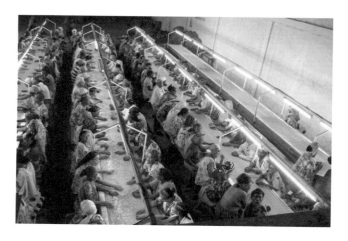

커피 수출 공장에서 결점두를 골라내는 모습

컨베이어벨트가 아닌 곳에서도 결점두 골라내는 작업이 이루어진다.

커피 수출 공장 내부

해외에 수출되는 에티오피아 커피들

있는 장점이 있다.

커피의 고향,
카파에 가다

필자는 에티오피아의 커피 투어리즘Coffee Tourism을 주제로 석·박사를 마치고 지금도 그 주제로 연구를 하는 중이다. 중남미를 비롯해, 남아시아, 동아프리카 커피생산국 일부에서 대규모 농장을 중심으로 커피 여행 프로그램을 운영하고 있지만 아직 상업적으로 정착된 단계는 아니며, 학문분야에서는 연구자가 많지 않은 실정이다. 색다른 주제라는 이유로 장학금까지 받으면서 다른 나라에서 공부했지만, 새로운 분야이기 때문에 겪어야 하는 문제들이 적지 않다.

커피 투어리즘 연구 자체도 황무지인데다 에티오피아를 대상으로 하는 커피 투어리즘 연구자는 현재까지 없다. 연구자가 없다는 이유로 에티오피아 정부관계자들부터 개인 커피생산자들에 이르기까지 전폭적인 지원을 받으며 현지조사를 진행할 수 있었다. 현지조사 지역 중 하나인 에티오피아 서남부 카파Kaffa에서 특히 오래 머물렀는데 2011년 이곳에서 운좋게 직접 커피 투어리즘 프로젝트를 진행할 수 있

카파의 울창한 원시림. 이 안에서 커피가 자란다.

커피 열매 근처에서 풀을 뜯는 염소들. 커피 전설 속의 후손들일지도 모른다.

야생커피는 플랜테이션 커피에 비해 크기가 고르지 않다.

원시림에서 야생 상태로 자라는 커피 열매

었다. 카파존의 관광담당 부서에서 제공해 준다던 차량 문제가 해결되는 데 무려 한 달이 넘게 걸렸고, 같이 일하던 공무원이 미팅 때 노트를 가져와 메모를 하기까지는 그보다 더 많은 시간이 걸렸다. 인터넷도 전화도 연결 안 되는 날이 많아 카파를 벗어날 때까지 가족들을 걱정시켜야 했고, 숙소에서 가게가 있는 타운까지는 걸어서 3킬로미터를 가야 하는데 폭우라도 중간에 내리는 날이면 물 한 병 사러 갔다가 비를 흠뻑 맞고 돌아오는 일이 다반사였다. 머무는 내내 빗물을 걸러 세수를 해야 했고, 밤이면 숙소의 방 문을 두드리는 들짐승 때문에 몇 번이나 잠에서 깨야 했다. 카파는 박사 논문의 사례연구로 좋은 자료를 제공한 곳이기도 하지만 내겐 그렇게 애증의 장소이기도 하다.

  카파 사람들을 만나러 2016년 여름 그곳을 다시 찾았다. 아디스아바바에서 한 번에 가는 버스가 생겼고, 짐마에서 100킬로미터가 넘는 곳인데 길이 싹 포장되어 있었다. 그때 같이 일했던 공무원들은 그만두거나 자리를 옮겼고, 일본의 공적개발 원조기관인 자이카JICA와 독일의 국제 비영리기구인 나부NABU에서 전문가들이 파견되어 카파존의 관련부처 공무원들과 커피 투어리즘 프로젝트를 진행하고 있었다. 커피 투어리즘이 뭐냐고 묻던 사람들이 '커피 투어리즘'이라는 용어를 사용하며 '커피 투어리즘 프로젝트'를 실제 하고 있었던 것이다. 관광부서 공무원들은 2014년에 쓴 내 박사논문을 읽었다며 카파와 카파의 커피문화에 대해 상세하게 소개해줘 고맙다는 이야기를 했다. 박사과정 내내 지도교수와 논문심사하는 사람들 이외에는 읽지 않을 논문을 몇 년이나 걸려 쓴다는 생각에 자주 회의가 들었는데 다른 곳도 아니고 에티오피아의 카파 사람들이 내 논문을 읽고 그 논문을 바탕으로 프로젝트를 진행하고 있다는 사실에 감개무량했다.

커피의 종류는 굉장히 많은데 상업적으로 중요하게 생각하는 커피는 두 가지가 있으니, 바로 아라비카^{Arabica} 커피와 로부스타^{Robusta} 커피이다. 아라비카 커피는 주로 고산지대에서 생산되고, 냉해에 약하며, 손이 많이 가는 커피다. 같은 양의 로부스타에 비해 카페인이 적고, 향이며 맛이 우수하기 때문에 가격이 비싸다. 이에 비해 로부스타 커피는 저지대에서 생산되고, 사람 품이 많이 필요하지 않다. 가격이 싼 덕분에 주로 인스턴트 커피에 많이 사용된다. 커피 생산국들 중에는 아라비카 커피 혹은 로부스타 커피만 생산하는 나라가 있고, 두 가지 모두를 생산하는 나라가 있다. 에티오피아는 로부스타 커피를 전혀 생산하지 않는다.

한국에도 커피애호가들이 많아져서 널리 알려진 사실이지만, 에티오피아는 아라비카 커피의 고향으로 카파는 바로 커피가 처음 발견된 지역이다. 커피의 어원을 카파에서 찾는 까닭은 바로 이 때문이다. 카파를 방문하면 이곳이 진정한 커피의 고향임을 실감케 하는 흔적들이 많아 의심의 여지가 없다.

카파는 10개의 워레다(작은 행정구역)로 구성되어 있으며, 전체 인구는 100만 명이 조금 못 된다. 언어는 에티오피아 공용어 암하릭어가 아니라 카파의 고유 언어인 카피초(현지어로 '카피노노')를 사용한다. 내가 머물렀던 봉가^{Bonga}는 카파의 행정수도로 인구 3만 명의 작은 도시다. 커피의 고향에서 커피를 활용한 관광상품으로는 어떤 게 가능할지 고민하며 찾은 곳이 카파였는데, 다양한 커피 생산시스템은 물론, 수천 종이 넘는 커피콩만으로도 머나먼 아시아에서 온 커피 투어리즘 연구자를 단박에 흥분에 빠뜨렸다. 머무는 내내 카파 지역정부의 공무원들은 매우 적극적으로 내 연구와 조사에 협조해 주었으며, 나는 카파에서 커피 투어리즘 개발과 관련한 다양한 실험을 진행할 수 있었다.

사실, 카파는 작정하고 간 곳은 아니었다. 카파가 커피의 고향이니 커피 연구자로서 한 번은 가봐야 할 곳이었지만, 2011년 현지조사 계획에 애초 카파는 포함되지 않았다. 서남부쪽 조사지역은 수도 아디스아바바에서 새로 생긴 우등 버스를 타고 5시간이면 도착하는 짐마까지로만 정한 터였다. 짐마 지역 너머로는 교통이 불편해 접근하기도 힘들었고, 대우기 기간이라 날마다 양동이로 퍼붓듯 비가 쏟아져 엄두를 못 냈다. 짐마에서 지역조사를 마치면 아디스아바바로 복귀할 예정이었고, 짐마 이후의 서남부 현지조사는 다음 기회로 미룰 예정이었다. 짐마로 떠나기 전 아디스아바바에서 자이카^{JICA} 전문가를 만나, 짐마에서 내가 꼭 만나야 할 사람들도 소개받았고, 그 사람이 경험했던 서남부지역 이야기도 들으면서 짐마 지역 위주로 조사준비를 했었다.

허나 우리 인생이라는 게 어디 꼭 예측한 대로만 흘러가던가. 카파에 들르기 전 카파에서 내가 할 일이 그렇게 많을 거란 생각을 난 꿈에도 하지 못했다.

현지조사가 끝나고 영국으로 돌아오니 감사할 일이 부쩍 많았다. 언제든 따뜻한 물이 나와 샤워하고 싶을 때 할 수 있다는 것, 언제나 손쉽게 이용할 수 있는 깨끗한 화장실이 있다는 것……. 스위치를 올리

카파 노천 시장의 향신료 코너

봉가 시장에서 거래되는 생두.
좋은 커피는 모두 수출되기 때문에 현지에서 만나는 커피는 품질이 아주 낮다.

자마자 전기가 들어오면 그렇게 기쁠 수가 없었다. 장거리 이동이 많아 예닐곱 시간씩 차를 타는 일이 예사였는데, 중간에 여자들이 볼일 볼 곳이 마땅찮아 아무리 급해도 무조건 참아야 할 때가 많았다. 컴퓨터에 자료 입력을 해야 하는데 온 동네에 전기가 나가 며칠을 전기가 있을 만한 곳을 찾아다닌 적도 있었다.

전화도 안 되고, 인터넷도 안 되는 그곳에서 내가 무슨 일을 하고 지냈을까 궁금해했던 내 가족들, 내 친구들에게 카파 이야기를 제대로 들려줄 기회가 없었다. 이 책이 인연이 되어 에티오피아 커피 여행을 떠나는 한국인들이 많았으면 좋겠고, 내친김에 카파까지 방문하는 사람들이 많았으면 좋겠다.

아디스아바바의 카페들

최근 에티오피아에도 커피 전문점이 많이 생겨나면서 주문과 동시에 즉석에서 커피를 마시는 사람들이 많아졌다. 앞에서 칼디의 전설과 카파 이야기를 소개했는데 에티오피아에는 아직 스타벅스는 상륙하지 않았지만 '칼디스 커피숍Kaldi's Coffee'이라는 곳이 있다. 수도인 아디

칼디스 커피숍 내부 풍경

2011년에 네스카페가 있었는데 2016년에는 칼디스 커피숍으로 문패를 바꿨다

칼디스 커피숍 메뉴

칼디스 커피숍의 버거 세트

스아바바를 대표하는 커피 전문점이라고 할 수 있는 '칼디스 커피숍'의 벽면에는 커피를 발견한 목동 칼디의 이야기가 그림으로 그려져 있다. 에티오피아 현지에서 커피는 '분나'라고 하지만 칼디스 커피숍 메뉴판에는 '분나'가 아닌 '커피'라고 씌어 있다. 우리에게 좀 낯선 풍경이지만 에티오피아에서는 차안에서 커피를 주문해 마실 수 있다. 칼디스 커피숍 앞의 주차장에 차를 세워놓고 있으면 종업원이 주문을 받으러 뛰어 나온다. 2006년만 해도 아디스아바바에 두 개 점포밖에 없었는데 최근에 점포 수가 빠르게 늘고 있다. 2016년 8월 현재 에티오피아에는 총 28개의 칼디스 커피숍이 영업 중인데 데브라 제이트^{Debra Zeit} 소재의 점포 하나를 제외하고 전부 아디스아바바에 있다. 그 중 하나는 토모카 커피숍 본점 맞은편에 있다.

칼디스 커피숍은 에스프레소를 기본으로 만든 다양한 커피음료 이외에 아이스크림, 버거가 유명하다. 혼자 먹기에는 다소 부담스러운 클럽샌드위치가 인기 메뉴였는데 2016년 여름에는 칼디스 커피숍 어떤 점포에서도 먹을 수가 없었다. 메뉴에는 클럽샌드위치가 아직 있었지만 주력 상품인 버거에 집중하는 듯한 인상을 받았다. 늘 젊은 사람들로 붐비고 비밀번호 없이 와이파이 이용이 가능하지만 속도는 기대하지 않는 게 좋다.

아디스아바바에 칼디스 커피숍만큼 유명한 커피숍이 있는데 위에서 잠깐 언급한 토모카^{TO.MO.CA.} 커피숍이다. 이탈리아가 에티오피아 음식문화에 끼친 영향이 상당한데 그 중에 커피도 빼놓을 수가 없다. 피아사 근방에 본점을 둔 토모카 커피숍은 1953년 한 이탈리아인이

토모카 커피숍

아디스아바바 시에 커피사업을 하고 싶다고 요청했고, 이탈리아에서 직접 커피관련 기계를 도입해 처음 영업을 시작했다고 한다. 현재 3대째 영업을 이어오고 있는 토모카 커피숍은 2016년 현재 에티오피아에 5개의 지점이 있고, 그 중 특히 1호점이 유명하다. 커피를 즐기는 현지인들과 관광객들로 늘 붐비는 곳으로 커피숍에서는 포장된 토모카 커피(가루형으로 갈아져 있는 그라운드 커피와 홀빈 형태의 커피빈 모두 취급)도 판매한다. 최근에는 커피문양이 들어간 에코백 등도 판매하고 있는데, 토모카 커피는 외국인들에게 기념품으로 인기가 많다. 토모카 커피는 토모카 커피숍 이외에 볼레 국제공항 기념품 코너에서도 구입할 수 있다.

에티오피아 지역연구를 시작할 때 현지조사 기념으로 여기 커피를 많이 사서 지인들에게 선물했었는데 당시는 아프리카에서 온 '음식'이라는 이유로 대접을 제대로 못 받았다. 요즘은 내가 에티오피아 간다고 하면 에티오피아 커피 좀 구해 달라는 사람들이 많아져 격세지감을 느낀다.

토모카에서 가장 인기있는 메뉴는 강배전의 에스프레소에 설탕을 잔뜩 넣은 것과 마키아토이다. 커피를 많이 소비하는 미국이나 일본, 우리나라에서 마시는 에스프레소나 마키아토와는 맛도 다르고 커피를 내는 모양새도 다른데 1953년에 도입된 이탈리아 스타일이 현지화된 게 아닌가 싶다. 토모카 커피는 최근 도쿄의 아카사카赤坂에도 지점을 오픈했다. 일본에는 에티오피아에서 연구 혹은 일을 했거나, 에티오피아 여행을 다녀온 사람들이 많아 토모카 커피에 대한 수요가 꽤

메켈레에서 만난 가짜 스타벅스

하라르에서 만난 '짝퉁' 스타벅스

있어 보인다.

　요즘 새롭게 오픈하고 있는 커피숍들이 많아지는 추세이지만 아디스아바바에서 잘 알려진 커피숍으로 위의 두 곳말고 '알렘 분나^Alem ^Buna'라는 곳이 있다. 피아사 근방에 있어 토모카 커피숍과도 가깝다. 커피숍 입구의 오래된 로스팅 기계가 인상적인데 취급하는 메뉴는 토모카와 비슷하다. 알렘 분나 브랜드의 홀빈과 그라운드빈은 커피숍에서도 구입할 수 있지만 일반 수퍼마켓에서도 구입이 가능하다. 전에는 아디스아바바에 거주하는 외국인들이 포장된 알렘 분나 커피빈의 주요 수요자들이었는데 최근에는 커피 세리머니 등에서도 커피숍에서 판매되는 커피들이 많이 사용되면서 현지인들도 알렘 분나 커피를 많이 구입한다. '알렘(ዓለም)'은 암하릭어로 '세계' 혹은 '세상'을 의미하고 '분나(ቡና)'는 에티오피아에서 '커피'를 의미한다.

커피
세리머니

우리는 차를 마실 때 특별한 격식을 차리지 않지만 에티오피아 사람들은 커피의 본고장 사람들답게 커피를 마실 때 독특한 의식을 치른다. 일본 사람들이 다실을 꾸미고 다도구를 준비해 차를 마시며 이야기를 나누는 전체의 의식 과정을 '다도茶道'라고 부르듯이 에티오피아 현지에서는 이를 '커피 세리모니Coffee Ceremony'라고 부른다. 인스턴트 커피에 익숙한 우리에게는 1시간 또는 2시간 이상이 걸리기도 하는 에티오피아의 커피 세리머니가 좀 지루하게 느껴질 수도 있다. 얼핏 보면 좀 복잡한 것 같지만 인내심을 가지고 지켜보면 사실 간단하다.

1. 집안에 풀과 꽃을 깔고, 손님이 오는 시간에 맞추어 송진향 혹은 유칼립투스 가루를 태워 연기를 피운다.
2. 커피 생두를 물에 씻은 후 프라이팬 모양의 철판 또는 국자 모양의 용기에 담아 볶는다.
3. 원두가 잘 볶아지면 손님들이 향을 맡아볼 수 있도록 팬에 볶은 커피를 그대로 담아 돌리는데, 손님은 자기 순서가 되면 손으로 부채질하듯이 향을 음미하며 커피에 대한 덕담을 전한다.
4. 잘 볶아진 원두를 나무 절구에 넣고 곱게 빻는다. 이때 한쪽에서는 에티오피아 전통 토기 주전자인 '제베나'에 물을 끓인다.
5. 물이 끓으면 제베나에 보통 3큰술 정도의 커피 가루를 넣은 후 약 5~8분간 더 끓인다. 커피가 끓으면 1~2분 정도 커피 입자가 가라앉기를 기다린 후 커피를 낸다.

커피는 '스니'라는 손잡이가 없는 커피 잔에 담아내는데, 연장자 혹은 귀빈의 순서로 돌아간다. 보통 석 잔을 돌리는데 첫 잔이 가장 진하고,

커피 세리머니 풍경

커피 세리머니 일반적인 세팅

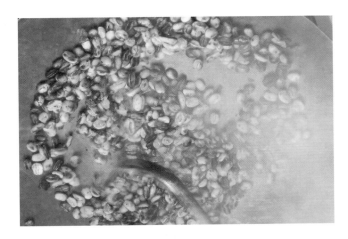

커피 세리머니 과정의 일부로 로스팅중인 커피

로스팅이 끝난 커피

스니에 담긴 커피

다시 물을 부어 끓이기 때문에 두 번째, 세 번째 순으로 농도가 약해진다. 그리고 주인이 대접하는 석 잔을 다 마시는 것이 예의라고 한다. 한 잔에는 보통 세 스푼 정도의 설탕을 넣어 마시는데 설탕의 당도는 그리 높지 않다. 가끔 향이 나는 풀을 커피 잔에 넣어 마시기도 한다. 맛은 커피의 색깔만큼 강하고 진한데 꼭 에스프레소를 마시는 느낌이다. 커피가 만들어지는 동안 초대된 사람들은 볶은 보리나 혼합 곡류('꼴로'라 불린다), 팝콘('펀디샤'), 에티오피아 전통 빵('다보')을 먹으며 두런두런 담소를 나눈다.

에티오피아인들에게 커피 세리모니는 단순히 음료를 마시는 행위에 그치지 않는다. 커피 세리머니가 진행되는 동안에는 빈부의 격차, 종교의 격차, 계급의 격차를 따지지 않는다. 그들은 친구나 이웃, 친척들을 초대하여 커피를 나누어 마시면서 이런저런 이야기를 주고받으며 이해의 폭을 넓히는 사교의 장으로 커피 세리머니를 이용하고 있다.

에티오피아 사람들은 일상으로 커피를 즐기기 때문에 현지인의 집에 가면 이런 커피 세리머니를 쉽게 구경할 수 있다. 하루에 적어도 세 번은 커피 세리머니를 치르기 때문에 1인당 9잔 정도의 커피를 마신다고 할 수 있는데, 덕분에 에티오피아 커피 생산량의 절반은 국내에서 소비된다.

상점의 간판에 '분나'라는 글자가 붙은 곳이 우리나라의 일반 커피숍 정도에 해당되는데 이곳에 가도 커피 세리머니가 항상 준비되어 있다. 분나 전문점이나 레스토랑 등에서 현지인에게 가장 인기 있는 커피는 '마키아토'로 가격이 아주 저렴해 부담없이 즐길 수 있다. '마키아

시장의 제베나 판매 코너

토기가 아닌 스테인레스 제베나

요즘은 약식의 커피 세리머니 세팅으로 거리에서 커피를 판매하는 사람들을 흔히 볼 수 있다.

커피 세리머니 풍경을 담은 기념품 엽서

토'를 마시면서 현지인에게 커피와 우유가 섞여 있으니 '카페라떼'가 아니냐고 물었더니, '카페라떼'는 우유가 메인이지만 '마키아토'는 커피가 메인이라고 아주 간단하게 설명해준다.

사회가 점점 복잡해지고 급속하게 변화하면서 에티오피아의 커피 세리머니도 새로운 양상으로 진화를 모색 중이다. 바닥에 까는 풀과 꽃들은 플라스틱 그린 카페트로 점차 교체되고 있는 추세이며, 토기 주전자 대신 깨지지 않는 스테인레스를 사용하는 가구들이 늘고 있다. 손님 앞에서 물에 씻은 커피콩을 볶아 냄새를 맡게 하는 절차도 생략되는 추세고, 일반 커피숍에서 분쇄된 커피를 사다 간단하게 커피를 끓여먹는 가구들도 생기고 있다. 에티오피아의 대표적인 환대 혹은 접대hospitality 문화인 커피 세리머니를 일반 가정이 아닌 호텔이나 레스토랑, 공항 등에서 관광상품으로만 감상할 날이 얼마 남지 않은 것 같아 아쉽다.

다양한
커피문화

커피 세리머니는 커피 생산량의 절반이 에티오피아 국내에서 소비되는 데 가장 큰 견인차 역할을 하고 있다. 에티오피아 정부는 각종 홍보 자료나 국가행사를 통해 커피 세리머니를 에티오피아 고유의 전통이라고 소개하고 있다. 현지조사에 따르면, 커피 세리머니를 즐기며 커피를 마시는 사람들은 도시와 농촌을 막론하고 에티오피아 전 지역에서 나타났으며, 이는 유목민족에게서도 예외는 아니었다.

커피를 오래 경작한 나라인 만큼 에티오피아에는 커피 세리머니 이외의 다양한 커피음용 문화도 존재한다. 우선, 커피 소비국에서 커피나무의 부산물 중 커피콩만을 중요하게 여기는 반면에 에티오피아에서는 커피콩은 물론, 커피콩 껍질, 커피나무 줄기, 커피나무 잎 등을 모두 먹거나 마시는 데 이용한다. 커피가 생산되는 지역의 야시장 같은 곳에서는 커피콩은 물론 커피와 관련된 부산물들이 상품으로 거래된다.

커피음용 방식도 단순한 추출형태가 아니라 죽을 끓여 먹기도 하고, 환을 만들어 먼 길을 떠날 때 도시락 대용으로 이용하기도 한다. 고산지역에서 차를 끓일 때 야크 버터 등을 첨가하듯이 에티오피아의 커피 생산지역에 사는 사람들도 커피를 마실 때 버터를 추가하는 경우가 많다. 뭉근히 끓여낸 커피에 설탕은 물론 소금, 고춧가루 등의 향신료나 허브 잎 등을 첨가해서 먹는 지역도 있고, 다양한 재료와 함께 커피로 죽을 끓여 먹는 지역도 있다. 커피콩을 살 여유가 없는 사람들은 말린 커피 껍질('커피 허스크'라고도 한다)이나 커피 잎 등을 끓여 차처럼 마시기도 한다.

하라르 근처의 바빌레라는 곳에 갔더니 병이 나면 우선 낙타젖을 이용해 처치를 하는데 커피 생산지역의 사람들은 커피를 민간요법에

카페에서 판매되는 마키아토

시장에서 거래되는 커피 허스크

많이 이용하고 있었다. 상처가 나도 커피, 소화불량, 두통에도 커피, 키우는 소가 여물을 잘 먹지 않아도 커피를 이용했다. 커피가 그들에게는 만병통치약이었다.

일본이나 미국, 이탈리아 등의 커피 소비국의 커피문화는 매체 등에서 많이 소개되고 있지만 커피 생산국의 커피문화는 아직까지 알려진 게 많지 않다. 커피 생산국에서는 커피를 생산하면 대개 생두 형태의 판매에만 집중하기 때문에 소비국에서 커피 생산국까지 가지 않는 이상 그들의 커피문화를 알기가 쉽지 않다. 커피 생산국의 커피 투어리즘이 활성화되면 커피 매니아들이 부지런히 커피 생산국을 방문해 그동안 잘 알려지지 않았던 생산국의 커피문화가 많이 소개될 수 있지 않을까 기대해본다.

짜트,
과연 신의 선물인가?

짜트Qat 또는 Chat (학명은 Catha edulis이다)는 에티오피아, 지부티, 소말리아 등 동아프리카 일부와 예멘, 남아공, 말라위, 이스라엘, 인도, 홍콩, 노르웨이, 브라질 등 93개 국가에 보급(?)되고 있는 마약류성 식물이

시장에서 거래되는 짜트. 한 묶음에 1,000비르가 넘을 때도 있다.

하라르 근처의 짜트 시장

다. 짜트에는 케친cathine과 케치논cathinone이라는 알칼로이드 성분이 들어있는데, '유엔 향정신약에 관한 조약(United Nations Convention on Psychotropic Substances)'에 따르면 두 가지 모두 복용 금지 약물이다. 미국, 캐나다, 스위스, 스칸디나비아, 그리고 예멘을 제외한 중동 대부분의 국가에서는 짜트를 법적으로 강하게 규제하고 있다. 의외로 영국에서 짜트의 인기가 높다고 하는데 그 이유는 다른 마약류에 비해 비교적 안전하며, 짜트가 알코올이나 서구에서 취급되는 마약류의 대용품 역할을 수행할 수 있기 때문이란다.

마약류성 식물이라고는 하지만 짜트는 마리화나나 코카인과 비교했을 때 작용이 그리 세지 않다고 한다. 담배처럼 중독성도 없고, 짜트를 씹지 않는다고 해서 금단증세가 있는 것도 아니기 때문에 에티오피아에서는 짜트가 합법적으로 거래되고 있다. 하지만 한번 짜트를 시작한 사람들이 계속 구매를 하는 것을 보면 중독성이 없다는 건 사실이 아닌 것 같다. 짜트의 뚜렷한 효과 중에 졸림방지와 정신집중이 있는데, 이 때문인지 현지에서 만난 외국인들 중에 장거리 운전할 때나 야근이 필요할 때 짜트를 씹는다는 짜트 매니아들을 심심찮게 만날 수 있다.

짜트의 기원에 대해서는 설이 많지만 현재까지는 에티오피아라는게 정설로 받아들여지고 있다. 짜트는 커피와 마찬가지로 짜트의 각성작용에 일찍 눈을 뜬 이슬람 신비주의자들에게 애용되기 시작했다고 한다. 씹으면 잠이 안 오고 기도할 때 집중할 수 있기 때문에 짜트는 신의 선물로 간주되어 에티오피아, 예멘, 아라비아 반도에 널리 보급될 수 있었다고 한다. 그러나 커피가 17세기 이후 유럽에 크게 유행한 것과 비교해 볼 때 짜트는 아직까지 커피만큼 그 세력을 확장하지 못하고 있다. 짜트는 신선할 때 그 효과가 나타나는데 건조보존이 가능한 커피와는 다르게 유럽이나 먼 지역까지 신선한 상태로 짜트를 운반하는 일이 쉽지 않기 때문이다. 그 대안으로 짜트를 말려 파우더 형태로 만들어 수출한다는 얘기를 현지인한테 들었는데 실물을 본 적은 없다. 에티오피아 전국 각지에서 채취된 짜트는 이른 새벽 아디스아바바에 도착한다.

짜트도 커피와 마찬가지로 '짜트 세리머니'라는 게 있다. 짜트 세리머니가 진행되는 동안에는 연령, 성별, 종교, 빈부의 격차 없이 모두가 한자리에 앉아 그 공간과 시간을 즐기는데, 짜트를 함께 씹으면서 공동체 의식을 느끼고, 이렇게 형성된 연대감이 어려운 일이 생겼을 때 서로를 하나되게 만든다고 한다.

이런 사회문화적인 배경과 함께 짜트는 에티오피아에서 환금성 작물로 크게 주목받고 있다. 손이 많이 가는 커피와 다르게 짜트는 농사가 비교적 수월하며, 고품질 짜트의 경우 커피 가격의 몇 배 이상으로 판매가 가능하다. 짜트 품질에 따라 차이가 있지만 짜트 한 다발 가격은 30비르부터 1,000비르 사이다. 미화 1달러가 20비르라고 했을 때 고품질 짜트 한 다발은 미화 50달러에 달한다. 국제커피 가격이 널뛰기를 하는 통에 커피농가가 마음 편할 날이 없는데 이 때문에 에티오피아에서는 커피를 대신해 짜트를 심는 농가들이 증가하고 있다. 동북부 하라르는 고품질 커피 생산지로 유명한 곳이었는데 최근 농가들이

짜트 세리머니를 즐기는 사람들

커피 농사를 포기하고 짜트 산업에 뛰어들면서 커피 가격이 급등하고 있다. 에티오피아에서는 짜트가 '그린 골드 드러그Green Gold Drug'라는 닉네임으로 불리며 합법적인 수출품목으로 대접받고 있다.

그러나 짜트에는 치명적인 단점이 있다. 짜트를 심은 땅은 금방 토질이 나빠져 다른 농사를 짓기가 힘들다. 게다가 커피 농사를 관두고 다들 짜트 농사에 나서는 추세인데 에티오피아산 커피가 금값이 될 날도 멀지 않은 것 같다. 참고로, 짜트를 한참 씹으면 입안이 진한 녹색으로 물들어 미관상 좋지 않다. 감각이 예민해지고, 정신집중에 도움이 된다고는 하지만 잎을 따서 씹는 모양새 자체가 영 폼이 안 난다.

일본의 경우 짜트는 마약류이기 때문에 법적으로 강력하게 규제하고 있지만 학술적인 차원에서 짜트를 약용으로 상품화하는 방안에 관한 연구가 진행중이다. 우리나라는 아직까지 마른 잎이든 파우더 형태든 짜트를 소지한 채 인천공항을 통과할 수 없다.

VI

에티오피아 여행

유네스코가 인정한
에티오피아의 세계유산들

아무리 가난한 나라라도 유네스코의 세계유산 한 가지 정도는 보유하고 있는 경우가 대부분이다. 세계유산 지도를 보면 알겠지만 여기도 힘이 작용하기 때문에 돈 많은 나라가 세계유산도 많이 가지고 있고, 가난한 나라의 경우 그것의 선정에도, 보존에도 거의 힘을 쓰지 못한다. 세계유산 중에서 위험유산으로 지정되는 경우가 많은 것도 이유를 들여다보면 보유국의 의지가 반영되지 못해서일 것이다. 산에서 나무를 구하지 못하면 생활이 안 되는 사람들한테 세계자연유산이 무슨 의미가 있겠나. 도시 전체가 세계문화유산으로 지정된 곳도 막상 가면 그곳 사람들은 그게 뭔지도 모르고 그것이 자기들 생활에 어떤 영향을 끼치는지 전혀 관심이 없다. 현지인들의 의지가 전혀 반영되지 않은 채 여전히 선진국에서 온 소위 활동가라는 사람들은 설문지를 돌리고 서명을 받아 개발도상국의 이 지역이, 혹은 저 지역이 세계유산에 지정되어야 한다고 오늘도 동분서주하고 있다. 세계유산을 폄하할 생각도 전혀 없고 그것의 가치를 전혀 모르는 바 아니지만 힘의 불균형, 돈의 불균형에서 오는 불공평함을 바라보는 일이 편하지는 않다.

이런 불공평한 환경에서 에티오피아는 유네스코가 지정한 9개의 세계유산을 보유하고 있다. 그 중 하나는 시미엔 마운틴Semien Mt.으로 유일한 자연유산이다. 8개의 문화유산은 4세기 홍해를 중심으로 세계 교역의 중심지였던 악숨^{Axum}, 과학으로도 설명하기 힘든 암굴교회 군이 있는 랄리벨라^{Lalibela}, 아프리카의 카멜롯이라고 부르는 곤다르^{Gondar}, 도시 전체가 세계문화유산이며 이슬람 4대 성지라고 일컫는 하라르^{Harar}, 영국의 스톤 헨지를 방불케 하는 띠야^{Tiya}와 루시와 같은 고고학적으로 중요한 유물이 발견된 아와시^{Awash}와 오모^{Omo} 계곡 등이며 약 55제곱킬로미터에 이르는 콘소^{Konso}의 자연경관이 2011년에 세계문화유산으로 추가 지정되었다.

콘소 이외에도 에티오피아는 뛰어난 자연경관을 자랑하는 곳이 많은데 아와시 국립공원^{Awash National Park}, 발레 마운틴 국립공원^{Bale Mountains National Park}, 마고 국립공원^{Mago National Park}, 네치사르 국립공원^{Netch Sar National Park}, 오모 국립공원^{Omo National Park} 등이 유명하다. 이런 국립공원에 가면 전세계에서 에티오피아에만 있는 다양한 생물종을 만날 수 있다. 특히 새를 좋아하는 사람들에게 에티오피아는 인기 높은 방문지이다.

그 밖에 유네스코가 지정한 생물권 보전지역^{Biosphere Reserve}이 있는데 이는 유네스코의 '인간과 생물권 계획(MAB)'에 따라 지정된 보호구역으로 현재 카파^{Kaffa}(2010년 지정), 야유^{Yayu}(2010년), 셰카 우림지역^{Sheka Forest}(2012년), 타나 호수^{Lake Tana}(2015년)가 있다. 카파는 아라비카 커피가 처음 시작된 곳이고, 카파, 야유, 셰카 모두 아마존의 열대우림을 연상케 할 만큼 원시림 속에 고목들이 울창하다. 타나 호수는 나일강의 원류 중 하나인 블루나일이 출발하는 곳이기도 하다.

커피 투어리즘이라는 주제로 국제학회에서 처음으로 발표를 했을 때 호주에서 온 한 원로학자가 내게 에티오피아에 무슨 관광자원이 있느냐는 질문을 했었는데 내가 이 나라는 총 9개의 세계유산 보유국이라고 대답하자 그는 깜짝 놀라워했다. 남아프리카 공화국을 비롯해 북부의 알제리, 모로코, 이집트, 튀니지, 서부의 세네갈, 동부의 탄자니아, 케냐 등은 에티오피아와 마찬가지로 아프리카 국가들 중에서도 세계유산을 많이 보유하고 있는 나라들이다.

최근 에티오피아 정부에서 적극적으로 홍보하는 관광지 중에 다나킬Danakil 소금사막이 있다. 위험해서 개인적으로 별로 추천하고 싶지 않지만 에티오피아가 아니면 볼 수 없는 장관임은 분명하다. 한국의 다큐멘터리 프로그램에서도 많이 소개된 다나킬 소금사막은 다나킬 함몰지Danakil Depression라고 부르는 곳에 있는데 해발고도가 마이너스 100미터로 지구상에서 고도가 가장 낮다. 연중 기온이 50도로, 때로 60도가 넘기도 하는 등 지구상에서 가장 뜨거운 곳이기도 하다. 주변에 사는 아파르족Afar들이 이곳의 암염을 채취해 생활을 영위하는데 이렇게 거래된 암염들이 에티오피아 전 지역으로 흩어져 판매된다. 현재까지 다나킬까지 가는 대중교통 수단은 없기 때문에 여기 한번 다녀오려면 차를 렌트하는 방법 외에는 없고 가격 또한 만만찮다.

아디스아바바

에티오피아 수도 아디스아바바Addis Ababa는 에티오피아의 중심에 위치해 있고 해발 고도가 약 2,300미터인 고지대이다. 말라리아에 대한 걱정이 필요없을 정도로 지대가 높다 보니 비행기가 착륙한다는 메시지가 나오자마자 바로 랜딩하는 경험을 하게 된다. 인구 약 340만 명이 거주하고 있으며 암하라족이 다수를 차지하고 있다. '아디스Addis'는 암하릭어로 '새롭다'라는 뜻의 형용사이고 '아바바Ababa'는 '꽃'을 뜻한다. 아디스아바바는 아프리카의 제네바라고 할 수 있는 곳이다. 이곳은 뉴욕, 브뤼셀, 제네바에 이어 세계에서 4번째로 외교공관이 많은 도시이다. 한국에서는 자주 접하기 힘든 나라를 비롯해 100여 개가 넘는 대사관들이 이곳에 터를 잡고 있다. AUAfrican Union, UNECAUN Economic Commission for Africa 등 주요 국제기구가 이곳에 본부를 두고 있다.

아디스아바바는 19세기말 메넬릭 2세 황제에 의해 수도로 건설되었고 명실상부한 에티오피아의 정치, 경제, 행정, 문화 중심지로 기능하고 있다. 에티오피아의 마지막 황제 하일레 셀라시에가 이곳에 근대적인 건물, 조각 등을 많이 세웠다. 국립극장 주변의 커다란 사자상(Lion of Judah, 현지에서는 '뜨꾸르 암바사'라고 부른다)이나 메넬릭 2세의 동상도 하일레 셀라시에 재위 기간에 세워졌다.

종족 중심으로 행정구역이 개편되다 보니 지방에 가면 관광부서가 있어도 암하릭어가 통하지 않는 곳도 많고, 카 렌트도 거의 불가능하다. 인터뷰라도 하려고 하면 무조건 아디스아바바에 담당자가 있으니 그리로 가보라는 소리를 제일 많이 듣는다. 커피 연구 때문에 처음에 뭣 모르고 산지에 가서 커피농민 협동조합 유니온 관계자들을 찾았는데 본부가 전부 아디스아바바에 있다는 사실에 황망해했던 적이 있다. 유명한 커피산지들은 수도 아디스아바바에서 장거리 버스로 일곱 시간 이상을 이동해야 하는 거리에 있기 때문에 한번 움직이는 게 쉬운 일이 아니다. 모든 여행 출발이 아디스아바바에서 시작되다 보니 지방에 있으면 물이며, 자동차 연료, 음식에 심지어 요리사까지 렌트카에 싣고 지방의 볼거리를 찾아오는 외국인 관광객들을 심심찮게 보게 된다. 그만큼 아디스아바바는 에티오피아의 모든 기능이 집중된 곳이기도 하다.

아디스아바바에서 갈 만한 곳들을 소개하면 우선 다운타운에서 멀지 않은 곳에 엔토토(እንጦጦ, Entoto) 산이 있다. 해발고도가 3,000미터나 되는데 엔토토에 가면 맨땅에서 축구를 하며 뛰노는 아이들을 만날 수 있다. 장거리 육상경기의 세계기록을 에티오피아가 많이 보유하고 있는 비결이라고 할 수 있다. 평균기온은 16도 정도로 선선하다. 가는 도중 슈로메다라는 곳이 있는데 다양한 기념품들을 살 수 있다. 볼레 국제공항에 가기 전에 들러볼 만한 곳이다.

국립박물관에 가면 약 320만 년 전에 살았던 것으로 알려진 현생 인류의 어머니, 루시Lucy를 만날 수 있다. 오스트랄로피테쿠스로 추정되는 루시는 비틀스의 노래《루시 인 더 스카이 위드 다이아먼드Lucy in the Sky with Diamond》에서 유래하였다. 당시 고고학자들이 발굴된 루시를 들여다볼 때 흘러나왔던 음악에서 착안했다고 한다. 국립박물관에는 악기, 토기 등 다양한 고고학적 유산을 비롯해 에티오피아가 자랑하는 화가 아페워크 테클레(Afewerk Tekle : 1932~2012)의 대형 작품을 볼 수 있다. 아프리카와 종교 관련 주제의 작품을 많이 그렸는데 스테인드글라스도 유명하다. 에티오피아에서 제일 오래된 호텔인 따이투 호텔에도 그의 작품이 다수 전시되어 있다.

에티오피아 민속에 관심있는 분들에게는 아디스아바바 대학 내의 민속학박물관Ethnographic Museum을 추천한다. 시대별 전통 의상을 비롯해 다양한 악기, 그림, 십자가, 종교화 등을 볼 수 있다. 과거 하일레 셀라시에가 사용했던 궁전이라서 황제의 침대, 화장실 등이 그대로 보존되어 있다. 촬영금지인 줄 모르고 셔터를 눌렀다가 메모리 카드를 빼앗긴 적이 있는데 자유롭게 사진을 찍었다는 사람도 있는 걸 보면 이것도 운이 잘 맞아야 되나 보다. 아디스아바바 대학을 '스드스트 키로 대학'이라고도 부르는데 그런 이유로 이 박물관을 '스드스트 키로 뮤지엄'이라고도 부른다. '스드스트'는 암하릭어로 6을 의미하는데, 스드스트에 가기 전 아라트(4를 의미) 키로, 아무스트(5를 의미) 키로를 지나간다.

앞에서 '피아사'를 여러 번 언급했는데 국제공항을 볼레로 이전하기 전까지는 다운타운이 바로 이 피아사였다. 이탈리아어로 '광장'을 의미하는 피아사는 아디스아바바 이외의 큰 도시에서도 만날 수 있는데 뭐니뭐니해도 제일 번화가는 아디스아바바의 피아사이다. 보석상도 많고 백패커들이 쉴 수 있는 저렴한 호텔도 이곳에 많이 모여 있다.

피아사 근처의 극장

100년이 넘는 따이투 호텔도 이곳에 있다.

　따이투 호텔(정식명칭은 'Itegue Taitu Hotel'이다)은 에티오피아 달력으로 1898년에 지어졌는데 로열패밀리들과 게스트들의 휴식장소로 주로 이용되었다. 호텔 이름은 메넬릭 2세 황제의 아내인 따이투 베툴Taitu Betul 황후의 이름에서 유래되었다. 피아사에서 국립극장, 토모카 커피숍, 마르카토, 마스칼 스퀘어, 장거리 버스 터미널이 가깝다.

　그 밖에 아디스아바바에는 종교시설이 많다. 세인트 기오르기스 교회를 비롯한 에티오피아 정교회 건물, 그리스 정교회 건물, 이슬람 모스크, 가톨릭 성당 등에서 외국인들도 현지인들과 함께 예배를 볼 수 있다. 에티오피아 외교의 심장부라고 할 수 있는 '아프리칸 홀African Hall'도 빠질 수 없는데 AUAfrican Union 본부가 이곳에 있다. 각종 국제회의가 자주 열리는데 홀 입구의 스테인드글라스가 아페워크 테클레의 작품이다.

아프리카 최대의 교역 중심지,
악숨

3세기에 이 세상을 움직이는 4대 제국이 있었으니 바로 로마, 중국, 페

르시아, 그리고 악숨제국이다. 앞의 세 나라는 비교적 익숙하지만 마지막의 악숨은 좀 생소할지도 모르겠다. 악숨Axum은 9세기까지 홍해를 지배한 악숨제국의 수도로 당시 아프리카 최대의 교역 중심지였고, 지금의 에티오피아에 똑같은 이름으로 남아 있다. 악숨의 오늘은 조금 초라한 모습이지만, 3천 년을 거슬러 올라가면 고대의 에티오피아의 수도로 찬란한 문화의 도시였다. 악숨은 1세기경부터 로마제국, 비잔틴제국과 어깨를 견주었고, 홍해 연안을 중심으로 한 무역으로 번성할 수 있었다.

에티오피아가 지금은 바다를 잃고 내륙국 신세로 전락했지만 4세기 에자나왕의 시대에는 누비아(현재의 수단 지역)와 예멘까지 아우르는 대제국이었다. 이 사실을 증명하는 석비가 1980년대에 한 농민에 의해 발견되었다. 석비의 내용은 에자나왕이 그 시대에 사우디아라비아를 정복했던 일을 신에 감사한다는 것으로 그리스어, 아랍어, 게에즈어 3개국어로 씌어 있다.

전설에 따르면 모세의 십계 석판이 들어 있는 '계약의 상자'가 악숨의 한 교회에 안치되어 있다고 한다. 이 계약의 상자는 에티오피아 초대 왕인 메넬리크 1세가 이스라엘에서 가지고 왔다고 하는데 영화《인디아나 존스》에서 주인공이 찾고 있는 법궤이기도 하다.

본래 고대 이집트에서 태양 신앙의 상징으로 세워진 기념탑인 오벨리스크가 에티오피아 악숨에도 있다. 에티오피아의 오벨리스크는 크기와 무게에 있어 이집트의 것을 능가한다. 악숨의 상징이기도 한 이 오벨리스크는 왕의 권력을 드러내기 위한 비석으로 악숨제국 때 만들

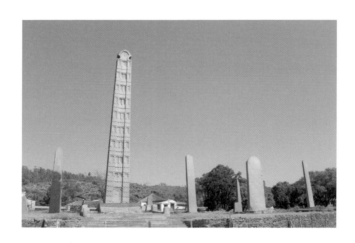

악숨의 상징인 오벨리스크. 에티오피아의 오벨리스크는 크기와 무게에 있어 이집트의 것을 능가한다.

어졌다. 형태는 단순하고 몸체 표면에 새겨진 문양들은 이집트의 것들과는 또 다르다. 악숨에는 규모가 큰 대형 오벨리스크가 64개, 중형 오벨리스크가 246개, 그리고 작은 크기의 오벨리스크들이 산재해 있으며, 이 오벨리스크들은 1980년에 세계문화유산으로 등록되었다.

오벨리스크는 한 장의 화강암을 조각해 만들었고 그 지하에는 무덤이 있다. 오벨리스크 중 가장 큰 것은 높이가 33미터에 이르는데 이탈리아 침략시기에 붕괴되어 세 동강으로 나뉘어 쓰러져 있다. 두 번째로 큰 것은 높이가 24미터에 이르는데 1937년 무솔리니가 로마의 영광을 재현하겠다며 코끼리 500마리를 동원해 빼앗아갔다. 그러나 이 오벨리스크는 약탈된 지 68년 만인 2005년에 러시아산 안티노프 124 화물기에 실려 악숨으로 돌아왔다. 세 번째로 큰 것은 높이 23미터로 시온의 성 마리아 교회 근처 광장에서도 보인다. 오벨리스크들은 지금의 자리에서 약 20킬로미터 떨어진 산에서 돌을 가공하여 코끼리와 인력을 동원해 세웠다고 한다.

전설에 따르면 기원전 10세기 아라비아 남서부에서 활동하던 시바왕국의 지배자가 솔로몬이 재위할 때 금, 은, 보석, 향료 등을 실은 낙타 대상을 앞세우고 솔로몬의 궁전을 방문했다는 기록이 있다. 일각에서는 이 이야기를 두고 당시 고대 이스라엘과 아라비아 사이에 중요한 상업적 관계가 있었다고 파악하기도 하는데, 에티오피아에서는 그 해석이 다르다. 당시 솔로몬과 시바여왕 사이에 로맨스가 있었고, 한 아이가 태어났으며, 그 아이가 에티오피아의 단군 할아버지인 메넬리크 1세라는 것이다. 에티오피아는 역사서에도 이 내용을 사실로 기록하

이탈리아 침략군들에 의해 무너져 버린 오벨리스크. 높이가 33미터, 무게는 100톤에 이른다.

이탈리아 침략시기에 무너진 오벨리스크의 몸체 표면.
새겨진 문양들은 단순한 형태로 이집트의 것들과는 또 다르다.

고 있다. 메넬리크 1세를 시작으로 1974년 군부 쿠데타로 물러난 하일
레 셀라시에 황제까지 에티오피아에서는 3천 년간 이 왕통이 끊어진
적이 없었다. 악숨에는 시바여왕의 이야기가 전설이 아니라 실제 있었
던 일로 여겨지는 흔적들이 산재해 있다.

오벨리스크가 모여 있는 곳을 등지고 좌측으로 고개를 돌리면 저수
지가 하나 나온다. 설명을 듣기 전에는 호수라고 생각했는데 시바여왕
의 목욕탕이었단다. 폭 30미터에 길이만도 100미터에 이르니 수영장
이라고 해도 결코 작은 규모가 아닌데 욕조였다니 시바여왕은 대단한
권력가라는 생각이 든다. 지금은 생활용수 저장소로 이용되고 있다.

시내에서 자전거를 빌려 30분쯤 달리면 시바여왕의 왕궁터에 갈 수
있다. 왕궁은 기원전 4세기경에 축조된 것으로 추정되는데 지금은 규
모만 가늠할 뿐 궁전의 모습은 남아 있지 않다. 견고하게 쌓은 돌무더
기들은 제주도의 돌담을 연상케 한다. 현지인들이 설명을 해주는데,
무너져서 현대에 와 다시 쌓아 올린 돌 자리는 과거에 있었던 자리와
차이가 난다고 한다. 자세히 살펴봤더니 정말 그랬다. 돌도 있고 기술
도 있는데 궁성의 돌담을 지금은 그 옛날처럼 쌓을 수 없다는 혜곡 최
순우 선생 이야기가 생각난다. 옛날에는 뭘 하나 만들어도 다 장인정
신으로 만들었는데 요즘은 에티오피아도 그렇고 우리도 그렇고 왜 그
렇게 할 수 없는지 모르겠다.

악숨에는 '시온의 성 마리아 교회Church of St. Mary of Zion'라는 이름이 붙
은 곳이 두 곳 있다. 구 교회Old Church of St. Mary of Zion는 옛날이나 지금이나
여자들의 출입이 금지된 곳이다. 17세기에 파실라다스 황제가 건립했

하일레 셀라시에 황제가 지은 뉴 시온의 성 마리아 교회(New Church of St. Mary of Zion).
17세기 라스 미카엘의 왕관을 본뜬 돔형으로 실내가 넓다.

'계약의 상자'를 보관하고 있는 건물. 입구에는 이를 지키는 군사와 건물지기가 있다.
이 상자가 보관된 곳에 들어가면 죽기 전에 다시 세상에 나올 수 없다고 한다.

으며 현재도 예배를 본다. 양식은 곤다르 성의 축조양식을 따랐다.

신 교회는 1960년대 하일레 셀라시에 황제가 지었다. 영국을 방문한 하일레 셀라시에 황제에게 영국의 엘리자베스 여왕이 교회에 여성출입을 금지하는 것은 남녀차별이지 않느냐고 충고해 같은 이름의 새 교회를 바로 옆에 짓게 되었다고 한다. 현재 이곳은 여성의 출입이 자유롭다. 외관은 17세기 라스 미카엘의 왕관을 본뜬 돔형으로 지어졌고, 실내가 넓은 편이다. 내부의 스테인드글라스가 유명하며, 관리인에게 부탁하면 식물, 계란 등을 잉크로 사용해 양피지에 쓴 1,000년 전의 성서를 볼 수 있다. 문자는 전부 게에즈^{Ge'ez}로 되어 있다.

옛 교회와 새로운 교회 사이에는 '계약의 상자'를 보관하는 건물이 자리하고 있고 이를 지키는 군사와 건물지기도 따로 있다. 무리해서 들어가려고 하면 실탄이 장전된 총기로 제지를 당한다. 이 상자가 보관된 곳에 들어가면 죽기 전에 다시 세상에 나올 수 없다고 하는데 이 얘기는 믿거나 말거나이다.

시바여왕의 목욕탕을 지나 산비탈을 조금 올라가면 6세기에 악숨을 지배했던 갈랩왕의 궁터^{King Kaleb's Palace}가 나온다. 지하에는 보물 창고와 그의 아들 묘지 등이 있었으나 현재는 왕궁터만 겨우 보존되어 있다. 관리인에게 부탁하면 묘지 안을 들여다볼 수 있다. 갈랩왕의 궁터에서는 에티오피아인들이라면 누구나 자랑스러워하는 아도와^{Adowa} 전투지가 보인다. 유럽의 열강들이 아프리카 전체를 식민지로 만들어 나가고 있을 때 이탈리아는 다른 열강들의 묵인 하에 에티오피아와의 싸움을 시작했다. 그러나 뜻밖에 고전을 면치 못하던 중 아도와 골짜

시바여왕의 목욕탕. 폭 30미터에 길이만도 100미터에 이르니 수영장이라고 해도 결코 작은 규모가 아닌데 욕조였다고 한다. 지금은 생활용수 저장소로 이용되고 있다.

기에서 거의 전멸의 수모를 당하고 퇴각하게 된다. 이는 아프리카 군대가 열강의 무력을 스스로의 힘으로 격퇴한 전례 없는 사건이었다. 아도와 전투의 패배로 이탈리아는 에티오피아 식민지에 대한 꿈을 접어야 했다. 에티오피아가 아도와 전투에서 사용했던 무기들은 당시 하라르를 본거지로 무기상으로 활약했던 프랑스 시인 랭보에 의해 제공됐다고 한다. 시내에서 아도와 전투지까지는 차를 타고 갈 수 있다.

악숨은 3천 년의 역사를 간직한 고도이지만 사실상 유적들을 둘러보는 데 시간이 그리 많이 걸리지 않는다. 아디스아바바에서는 북쪽으로 약 700킬로미터 떨어져 있어 비행기로는 1시간이 좀 넘게 걸린다. 바하르 다르, 곤다르를 경유해 악숨으로 가는 버스가 있는데 버스로 이동하려면 시간을 넉넉하게 잡아야 한다. 편수가 많지는 않지만 아디스아바바 이외의 대도시에서도 악숨으로 가는 비행기가 있다. 공항에서 시내까지는 30~40분 걸리며, 택시나 호텔에서 운영하는 셔틀버스를 타고 이동할 수도 있다. 호텔 근처에서 어슬렁거리는 현지인을 고용해 가이드 삼아 여행하면 심심하지 않아 좋다. 가이드 비용은 여타 에티오피아 지역과 마찬가지로 흥정하기 나름이다.

아프리카의 카멜롯,
곤다르 기행

성곽의 도시 곤다르. 아디스아바바에서 북쪽으로 약 500킬로미터 떨어져 있고 비행기로는 1시간 남짓 걸린다. 바하르 다르에서 차로도 갈 수 있다. 못미더워 비행기를 타면 20분이 채 안 걸린다. 암하라족이 다수를 차지하며 중세 유럽풍의 성곽 덕분에 관광객의 발길이 끊이지 않는 곳이다.

곤다르Gondar에 도착해 왜 이탈리아가 아프리카의 다른 나라가 아닌 에티오피아를 탐냈는지 이해가 갔다. 내가 만난 곤다르는 태양이 작열하는 사막의 아프리카가 아닌 중세의 유럽 그 어느 곳이었다.

공항에 도착해 두리번거렸더니 모든 택시기사들이 대뜸 '토모'를 찾고 있느냐고 묻는 게 아닌가. 이거 참 신기하네. 토모가 누군데? 이곳에서 거의 7년째 곤다르의 건축물을 연구하는 일본인 연구자였다. 일본인이라고 생각했는지 제대로 답변도 안 듣고 토모라는 사람이 사는 곳에 나를 내려줬다. 한국은 아프리카 지역연구가 활발하지 않지만 일본에는 아프리카 지역 연구자들이 아주 많아서 에티오피아에서도 수년째 현지조사 중인 일본인 연구자들을 많이 만났다. 연구를 하면서 동시에 곤다르 시청의 도시계획 프로젝트에도 참여하고 있는 토모 덕분에 성곽의 도시 곤다르의 이곳저곳을 제대로 구경할 수 있었다.

입장권(이 표는 파실라다스 왕의 풀장을 구경할 때 다시 사용해야 하

파실라다스 왕의 궁전.
화려할 뿐만 아니라 위풍당당하게 떡 버티고 있어 성안에 들어가면 제일 먼저 눈에 띄는 건물이다.
1층은 전체가 홀로 구성되어 있고 황제의 침실이 있는 3층까지 올라가는 길이 연결되어 있다.

파실라다스 왕의 아들 요하네스 1세가 세운 법원 건물. 건물 뒤쪽은 이미 무너져 내려 규모만
가늠할 수 있을 뿐이다. 주인 없는 성에 새들이 대신 자리를 차지하고 있었다.

요하네스 1세가 사용하던 도서관 건물. 성내에 온전히 남아 있는 건물로 현재는 사무실로 사용되고 있다.

니 버리면 안 된다)을 사서 곤다르 성에 들어서니, 언덕 위에 펼쳐져 있는 오래된 궁전이 한눈에 들어왔다. 우리에게 엑스칼리버^{Excalibur} 전설로 유명한 영국 중세시대 아서왕의 궁궐 카멜롯에 비유해 곤다르 성은 '아프리카의 카멜롯'이라고도 불리는데, 현지인들은 '파실 게비'라고 부른다. 곤다르 성은 약 900미터에 달하는 성벽으로 둘러싸인 성채 도시로, 안에는 황제가 사는 궁전뿐만 아니라 법원, 도서관, 수도원, 목욕탕 등이 들어서 있다. 건축양식은 악숨^{Axum}의 전통에 포르투갈의 영향이 가미되어 있어 복합적이라고 할 수 있다. 곤다르의 유적지는 랄리벨라와 마찬가지로 유네스코가 지정한 세계문화유산이다.

곤다르는 1636년부터 1864년까지 파실라다스^{Fasiladas} 왕과 그의 아들 요하네스^{Yohannes} 1세, 그리고 그 후계자들이 살았던 수도였다. 파실라다스 왕은 이전의 수도였던 고르고라^{Gorgora}에 말라리아가 만연하자 해발고도 2,000미터가 넘는 곤다르로 수도를 옮긴다. 곤다르는 상업적으로나 문화적으로 좋은 요건을 갖춘 곳이었지만 천도의 이면에는 다른 이유도 있었다. 가톨릭교회의 유입으로 종교분쟁이 잦아져 통치가 어려워지자 파실라다스 왕은 에티오피아 정교회만을 믿는 새로운 도시 건설의 필요성을 느끼게 된다. 마을 입구에는 파실라다스 왕의 풀장이라고 부르는 시설이 있는데 모든 사람들은 이곳에서 에티오피아 정교회 의식의 세례를 받아야 마을 주민으로 편입될 수 있었다.

성을 나와서 시청 쪽으로 방향을 잡으면 곤다르 시장을 구경할 수 있다. 유칼립투스 나무로 얼키설키 비계(고층 건물을 지을 때 디디고 서도록 긴 나무나 쇠파이프를 얽어서 널을 걸쳐 놓은 시설)를 사용해 건물

파실라다스 왕의 풀장. 팀캇 페스티벌이 열릴 때 이곳에서 세례의식이 진행된다. 공사중이라 물이 빠진 상태이지만 페스티벌 기간에는 보통 어른의 허리 높이까지 물이 찬다.

을 짓는 모습도 볼 수 있고, 길 양쪽에 도열해 있는 재봉사들도 큰 볼거리다. 가게 안이 아니라 전부 바깥에 재봉틀을 내놓고 작업을 하는데 이제는 생활사 박물관에서나 볼 수 있을 것 같은 숯을 넣은 다리미로 쓰윽쓰윽 다림질하는 모습도 볼 수 있다.

다운타운이라고 해봤자 우리나라 시골읍 정도의 규모지만 도시 곳곳에서 비교적 현대식 건물들을 많이 볼 수 있다. 토모에 따르면 이러한 현대식 건물들은 이탈리아 침략시기에 지어진 것들로 곤다르에만 약 300개가 있다고 한다. 대부분 역사가 60여 년밖에 안 된 건물로 시내 중심가에 있는 우체국 건물 등 주로 관공서 건물로 이용되고 있었다. 물론 주택으로 이용되는 경우도 있는데, 철제 대문을 비롯해 화장실의 욕조나 변기 등은 지금도 이탈리아에서 수입해서 사용하고 있다고 한다.

성에서 시청 반대쪽으로 길을 걷다 보면 파실라다스 왕의 풀장과 여행서에도 나오지 않는 쿠스쿠암Kuskuam 교회를 만날 수 있다. 그리스도의 세례의식을 기념하는 날인 1월 19일에는 파실라다스 왕의 풀장에서 대대적인 팀캇 페스티벌이 거행되는데, 서로 물을 뿌려가며 축제를 즐기고 밤새워 예배를 보는 인파들로 이때가 되면 주변은 발 디딜 틈이 없다. 쿠스쿠암 교회는 시내를 벗어나 언덕을 몇 개 올라가야 하지만 가는 길목에 펼쳐지는 풍광이 나그네의 발걸음을 결코 억울하지 않게 한다. 특히, 교회의 천장화가 인상적인데 그 유명한 데브레 베르한 셀라시에Debre Berhan Selassie 교회의 천장화를 연상케 한다.

데브레 베르한 셀라시에 교회는 17세기 이야수 1세(혹은 조슈아 1세)

데브레 베르한 셀라시에 교회. 곤다르에 있는 44개의 교회 건물 중에 1800년대 남(南)수단에서 쳐들어 온 이슬람 세력과의 전투에서 살아남은 유일한 교회이다. 교회의 천장화가 유명하다.

데브레 베르한 셀라시에 교회의 천장화.
눈이 크고 몸통이 아닌 머리 양쪽에 날개가 있는 에티오피아 특유의 천사들의 모습이 그려져 있다.
조명이 없어 교회 내부는 아주 어둡지만 80개의 서로 다른 천사들의 얼굴 표정을 만나볼 수 있다.

가 건립한 교회로 곤다르에 있는 44개의 교회 건물 중 1800년대 남南수단에서 온 이슬람 세력과의 전투에서 유일하게 살아남은 교회다. 에티오피아의 최고 걸작이라고 하는 종교화가 이 교회에 있는데 에티오피아 국가 홍보물을 비롯해 관광상품에도 다양한 형태로 등장한다. 교회 안으로 들어가 천장을 올려다보면 에티오피아 특유의 천사가 가득 그려져 있는데(세어 보지는 않았지만 전부 80개라고 한다) 신기하게도 얼굴 표정이 같은 게 하나도 없다. 커다란 눈에다 몸통이 아닌 머리에 날개를 가진 천사들의 모습인데 전설에 따르면 이 천사들은 성 요하네를 상징하고 있기 때문이라고 한다. 쿠스쿠암 교회 천장화의 천사들도 바로 이런 모습이다.

시간적인 여유가 있으면 곤다르에서 북동쪽으로 약 120킬로미터 떨어져 있는 시미엔 국립공원을 꼭 방문할 것을 권한다. 표고 4,000미터가 넘는 봉우리들이 연이어 이어진 협곡으로 '아프리카의 천장'으로 불린다. 유네스코 세계자연유산으로 등록되었지만 삼림이 심각하게 훼손되어 현재는 위험유산으로 분류되어 있다. 행여 방문을 하더라도 자연을 훼손하는 일은 절대 없어야 할 것이다. 시미엔 국립공원은 경관이 수려하고 이곳에서만 서식하는 다양한 야생동물을 구경할 수 있다. 트레킹 코스로 적당하며, 곤다르 시내의 여행사를 통하면 당일에 다녀올 수 있는 상품들이 많다.

곤다르 시내의 랜드마크 빌딩인 우체국. 안으로 들어가려면 검문검색을 통과해야 한다.
촬영이 금지되어 있기 때문에 카메라는 밖에 두고 들어가야 한다. 제법 튼튼해 보이는 이런 현대식 건물을
이곳에서 많이 볼 수 있는데 전부 이탈리아 침략시기에 만들어진 건물들이다.

리틀 차이나,
바하르 다르

에티오피아는 2개의 특별시(수도인 아디스아바바와 디레다와)와 9개의 주로 구성된 연방 민주공화국(The Federal Democratic Republic of Ethiopia)이다. 9개 주는 보통 주민 구성 비중이 큰 인종 이름을 따 이름이 붙여졌는데, 티그레이족이 많이 사는 티그레이Tigray 주, 소말리족이 많이 사는 소말리Somali 주, 오로모족이 많이 사는 오로미아Oromia 주 등이 그것이다. 그 중에서 바하르 다르Bahar Dahr는 암하라Amhara의 수도이다. 현재 에티오피아의 공용어인 암하릭어Amharic는 바로 암하라족의 언어로, 바하르 다르 사람들이 사용하는 언어가 바로 표준 암하릭어라고 할 수 있다.

바하르 다르에 도착한 후 가장 놀랐던 것은 바로 자전거 행렬이었다. 자전거를 타는 사람들의 피부색은 까맣지만 문득 중국에 와 있는 게 아닌가 하는 착각이 들 정도였다. 아디스아바바의 경우 수도이긴 하지만 도로 포장 상태가 썩 좋지 않고, 평균 해발고도가 2,300미터의 고지대이기 때문에 자전거를 타고 다니기가 불편하다. 그러나 바하르 다르의 경우, 대부분의 길이 평지이기 때문에 자전거를 타고 도시 이곳저곳을 다니는 것은 일도 아니다. 게다가 자전거를 판매하는 상점이나 자전거를 수리하는 장소도 눈에 많이 띄었다. 이곳에서 만난 한국국제협력단(KOICA)의 봉사단원이나 일본국제청년협력대(JICA) 단원도

잘 정돈된 바하르 다르 시내. 지대가 낮기 때문에 많은 사람들이 자전거를 교통수단으로 이용하고 있다.

바하르 다르에서 만난 친구들

출퇴근을 전부 자전거로 하고 있었다.

2006년 방문 당시 바하르 다르를 누비는 자전거는 전량 중국에서 수입되고 있었고, 새 자전거 한 대는 현지 돈으로 1,000비르 정도였다. 당시 미화 1달러가 8.67비르였으니 2016년과 비교하면 그 사이 비르의 통화가치가 2.5배 하락한 셈이다(2016년 8월 미화 1달러는 약 22비르). 기계 정비공이 한 달 풀타임으로 일할 경우 800비르 정도를 월급으로 받는다고 했는데, 현지 물가를 고려했을 때 자전거 한 대에 1,000비르면 그리 싼 편은 아니다. 모든 자전거에는 중국처럼 번호판이 부착되어 있었다. 중국 어디에서나 볼 수 있는 삼륜차를 만난 후 바하르 다르는 아프리카에 있는 어떤 도시라기보다는 중국의 축소판 도시라는 생각이 들었다. 바하르 다르의 재래시장에는 질 낮은 중국산 제품이 즐비했다. 게다가 중국 정부에서 진행하는 프로젝트가 많기 때문에 중국인들의 수 또한 급격히 늘고 있었다.

물의 도시 바하르 다르는 아디스아바바에서 북쪽으로 약 450킬로미터 떨어져 있다. 비행기로는 1시간 남짓이면 도착한다. 바하르 다르는 도시가 아담하고 비교적 깨끗하며, 도로 중앙과 인도에 가로수가 잘 정비되어 있다. 바하르 다르 주변에는 에티오피아 최대 담수호인 '타나 호수'와 이집트 나일강의 2대 원류(블루 나일과 화이트 나일)중의 하나인 '블루 나일'이 있어 관광객들의 발길이 끊이지 않고 있다.

우리말로 청나일이라고 하는 블루 나일은 아프리카에서 두 번째로 큰 폭포이며, 현지인들은 '티스 이샷'Tis Isat('연기 나는 불'이라는 뜻) 또는 '티스 아바이'Tis Abay('연기 나는 나일')라고도 부른다. 타나 호수에서 발

블루나일 가는 길

나일강의 원류 중에 하나인 블루나일.
건기 때는 물이 말라 폭포다운 폭포를 볼 수가 없다. 사진은 우기 때 풍광이다.

원한 블루 나일은 에티오피아 안에서 약 800킬로미터 흐른 후 수단의 하르툼Khartoum(수단의 수도)에서 빅토리아 호수에서 흘러온 화이트 나일과 합류해 다시 나일강으로 흐르게 된다. 이집트를 여행한 이 물줄기는 이후 지중해로 흘러간다.

블루 나일 폭포는 바로 나일강의 시원이 되는 폭포라고 할 수 있다. 높이 약 45미터에서 수직으로 떨어지는 폭포는 한마디로 장관이다. 우기 때는 수량이 증가해 폭포의 폭이 수백 미터에 이르기까지 한다. 현장에서 블루 나일을 보면 왜 현지인들이 이 폭포의 닉네임에 '연기가 피어오르다'라는 뜻의 '티스Tis'를 붙였는지 이해할 수 있다. 폭포의 낙차가 워낙 크기 때문에 바닥을 가늠할 수 없는 폭포 아래쪽에서는 마치 불을 뿜는 듯 물보라가 튀어 오른다.

바하르 다르 버스터미널에서 폭포까지는 약 35킬로미터 떨어져 있고, 비포장도로를 달려야 하기 때문에 소요시간은 한 시간 정도 잡아야 한다. 투숙하고 있는 호텔의 투어 프로그램을 이용할 경우 4륜 구동차를 타고 갈 수도 있다. 입장료를 낸 후에는 폭포를 찾아 언덕을 몇 개 넘고도 한참을 더 올라가야 하는데, 관광객이 눈에 띄면 모여드는 현지 꼬마들 덕분에 폭포의 위치를 찾는 일은 그리 어렵지 않다. 볼펜이나 푼돈을 요구하며 로컬 가이드를 자청하는 이 꼬마들은 방문객이 블루 나일을 다 보고 돌아갈 때까지 졸졸 따라다닌다.

아프리카의 예루살렘,
랄리벨라

'커다란 암반 한 장을 위에서부터 깨고 쪼아 내려가면서 교회를 만들었다고?'

'그것도 교회 하나가 아니라 교회군群이라는 표현을 써야 할 만큼 그 수가 많다!?'

랄리벨라Lalibella에 오기 전에 세상에 이런 곳이 있을 거라고는 생각을 전혀 못했다. 그러나 이곳에 막상 와보니 이 모든 게 사실이었다. 랄리벨라가 바로 그러한 곳이다.

역사적으로는 랄리벨라는 로하Roha라고 불렸다. 도심(서울의 도심을 상상하면 곤란하다)이 한국의 조그만 시골보다 못한 랄리벨라지만, 에피오피아 사람들에게는 제2의 예루살렘이라 불리는 성지이다. 무슬림들이 생애에 꼭 가보고 싶어하는 곳이 메카이듯이 에티오피아 정교회 신자들은 살아생전 꼭 가보고 싶은 곳이 바로 이곳 랄리벨라이다.

평균 해발고도가 2,300미터인 아디스아바바에서 지내면서 어느 정도 고산지대에 몸이 적응했다고 생각했는데 이러한 통념이 깨진 곳이 랄리벨라였다. 이 지역은 평균 해발고도가 3,000미터 되는 곳으로, 일주일 머무는 내내 호흡이 불편했다. 아디스아바바에서 동쪽으로 약 500킬로미터 떨어져 있고, 비행기로는 1시간 20분 정도 걸린다. 공항에서 도심까지의 거리가 꽤 된다. 택시로는 30분 정도. 굽이굽이 가는

당시 요르단 강으로 명명되었던 골짜기로, 중앙 오른편 위쪽의 돌더미 위로 살짝 보이는 십자가는
예수가 세례를 받았던 장소를 표시한 것이라고 한다.

'골고다의 집'으로 부르는 랄리벨라의 공동 묘지

길목에 보이는 전경들이 장관이다. 차로도 쉽지 않은 곳인데 노새를 타고 가는 사람들, 심지어 걸어가는 사람들도 볼 수 있다.

1세기부터 세력을 떨쳤던 악숨^{Axum} 왕조의 힘이 쇠락하자 그 뒤를 이어 12세기초 자그웨 왕조가 발흥한다. 자그웨 왕조의 가장 탁월한 군주였던 랄리벨라(12세기말부터 13세기초 재위)는 수도를 악숨에서 라스타 지방의 로하^{Roha}로 천도했고 기존의 지명을 로하가 아닌 랄리벨라로 바꾸었다. 이후 로하는 약 300년간 자그웨 왕조의 수도가 된다. 랄리벨라 왕은 성지인 예루살렘으로 가는 길이 이슬람 세력에 의해 점령되어 순례가 어려워지자 로하에 제2의 예루살렘 건설을 시도한다. 랄리벨라에 '요르단강'이나 '골고다의 집' 등 예루살렘을 본뜬 이름이 존재하는 것은 그 때문이다.

교회는 무려 120여 년에 걸쳐 지어졌는데 랄리벨라 왕 사후에도 작업은 계속되었다고 한다. 교회 건설에 시간이 많이 걸린 이유는 랄리벨라가 해발 3000미터의 고지대이고 암반을 파내어 그 속에 지하 교회를 세워야 하는 일이 아주 고된 작업이었기 때문이다. 왕은 어느 날 꿈에서 "로하에 '제2의 예루살렘'을 건설하라"는 신의 계시를 받는다. 그는 그 일을 위해 당장 로하로 수도를 옮기고 팔레스티나*와 이집트 기술자들을 동원해 교회 건설에 들어간다. 도심 한가운데를 흐르는 강은 그리스도가 세례를 받은 곳만큼이나 성스러운 곳이라 하여 '요르단 강'이라 명명되었고, 요르단 강을 사이에 두고 그 북쪽과 남쪽에

● 유태인이 살았던 지역 전체에 해당되고 오늘날은 '지중해 동부지역'을 가리킨다.

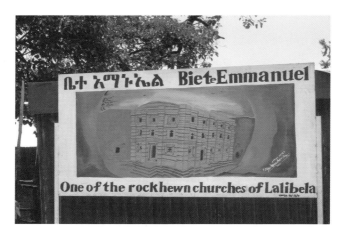

엠마누엘 교회 안내 표지판. 현재는 보수공사 중이라 거대한 돌 하나로 이루어진 암굴교회를 제대로
감상하기 힘들지만 그림을 보면 커다란 암반을 위에서부터 아래로 쪼아 내려가면서 지어졌음을 알 수 있다.

악숨 양식으로 만들어진 암굴교회 창틀. 악숨 왕조의 힘이 다해 랄리벨라로 천도했다지만
암굴교회의 창틀에, 혹은 기둥에 여전히 악숨 왕조는 살아 있었다.
북부 도시 악숨에 가면 악숨 왕조는 현재까지도 살아 있음을 알 수 있다.

각각 5개, 거기서 조금 떨어진 곳에 또 하나를 지어 모두 11개의 교회가 완성되었다.

거대한 하나의 암반을 쪼아 만들어진 암굴교회군은 악숨양식을 계승했다. 실제로 보면 그 규모에 압도당하기 십상이지만 한결같이 아름답기 이를 데 없는 건축물이다. 교회군은 전체가 다 지하에 있는데, 현대의 건축기술로도 어떻게 그런 건물을 지을 수 있는지 도저히 알 수 없는 불가사의라 한다. 랄리벨라의 암굴교회군은 1978년 유네스코 세계문화유산으로 지정되었다.

랄리벨라에 있는 11개의 석조 교회들 중에 규모 면에서 혹은 외관의 아름다움 측면에서 두드러지는 몇 개 교회를 소개한다. 랄리벨라에서 가장 큰 규모를 자랑하는 세인트 구세주교회(메드하네 알렘 교회^{Medhane Alem Church})는 요르단강 남쪽에 있다. 교회 순례의 제 1관문이라고 할 수 있다. 대부분의 순례자들이 이곳에서 티켓을 사서 출발한다. 이 티켓 한 장으로 모든 암굴교회 방문이 가능하다. 그리고 티켓에는 이름을 쓰는 칸이 있어서 이 티켓을 제시하면 몇 번이고 재방문이 가능하다.

전체적인 구조는 세로 33.7미터, 가로 23.5미터, 높이 11.5미터이고 32개의 각진 기둥이 중앙에서 양쪽으로 완만하게 경사진 지붕을 받치고 있다. 지붕에는 여러 줄의 직선무늬가 새겨져 있고 옆면은 아치 모양의 장식으로 되어 있다. 내부에는 각각 7개의 기둥으로 이루어진 4개의 열주列柱가 있고 본당 천장은 반원통 모양으로 되어 있다. 이곳에는 3개의 속이 텅 빈 묘가 안치되어 있는데 각각은 아브라함과 이삭, 야곱을 상징하고 있다. 내부가 넓긴 하지만 예배를 볼 때 신자 이외에는 출입이 금지되어 있다.

　메드하네 알렘 교회 서쪽에 있는 세인트 마리암 교회^{St. Maryam Church}는 정면 입구 윗부분에 기마상 부조가 있고, 창틀은 역시 고대 에티오피아의 악숨양식으로 마무리되어 있다. 악숨 왕조의 힘이 다해 랄리벨라로 천도했다지만 암굴교회의 창틀에, 혹은 기둥에 여전히 악숨 왕조는 살아 있었다. 북부 도시 악숨에 가면 악숨 왕조는 현재까지도 살아 있음을 알 수 있다. 교회 내부에는 인류의 발상과 종말을 상징하는 유명한 벽화가 있다. 이 벽화는 15세기의 것으로 추정되며, 북쪽에 있는 교회군 가운데 벽화가 있는 곳은 이곳뿐이다.

　가장 나중에 세워져 다른 교회군과는 멀리 떨어져 있는 세인트 기오르기스 교회^{St. George Church}는 평면구조가 가로 12미터, 세로 12미터, 높이 12미터의 정십자형이며, 건물 꼭대기에는 세 겹의 십자가를 조각해 놓았다. 창틀은 다른 교회와 마찬가지로 악숨양식으로 만들어졌고, 사제가 상주하며 예배도 드릴 수 있다. 그리고 게에즈^{Ge'ez}로 씌어 있는 성서를 볼 수 있다. 교회가 '노아의 방주'를 상징한다고 해서 현지에서는 세인트 기오르기스 교회라기보다 '노아의 방주'라는 별칭으로 더 많이 불린다. 암굴 교회들의 보수공사가 한창 진행 중일 때 방문했었는데, 공사를 위한 쇠막대기나 지붕 커버가 없는 유일한 교회였다.

　모든 교회는 오늘날에도 사제가 상주해 있고 예배를 드릴 수 있다. 특이한 것은 11개의 교회에서 사용하는 십자가의 모양이 제각각이고 십자가에 사용되는 문양의 의미가 다 다르다. 예배를 보는 사람들 대부분은 수천 년 전부터 에티오피아 사람들의 전통 의상이 되고 있는

세인트 기오르기스 교회

흰색의 '가비'를 입고 있다. 새벽 5시 무렵에 시작되는 예배를 위해 암굴교회 곳곳에 하얀색 가비로 온 몸을 두른 사람들이 무리지어 움직이는 모습은 느린 동작의 군무群舞를 연상케 한다.

교회 안은 성스러운 곳이라서 내부로 들어갈 때 신발이나 모자를 벗어야 하는데 다시 신발을 신을 때 이곳에서 '꼰니짜'라고 하는 벼룩이 따라온다. 가급적 바닥에 앉지 말고, 바짓단은 걷어 올려 바닥에 닿지 않도록 해야 한다. 그리고 신발을 신기 전에 전부 털어야 그날 밤 안전하게 잘 수 있다. 이걸 무시하면 잠자는 동안 벼룩의 공격에 속수무책으로 당할 수밖에 없다. 한 번 벼룩에 물리면 일주일은 고생해야 한다.

랄리벨라의 볼거리는 암굴교회만 있는 것이 아니다. 세인트 기오르기스 교회의 북쪽에 있는 광장에서는 매주 토요일 장이 선다. 천막으로 지붕을 만든 가게들도 있지만 노천에 그냥 물건을 내놓고 파는 사람들이 더 많다. 시장에는 품목별로 판매 구획이 정해져 있다. 손으로 일일이 짠 '가비(두툼한 숄)', '네뗄라(가비보다 얇은 숄)' 등을 이곳에서 아주 싸게 구입할 수 있다. 에티오피아 여인이라면 누구나 하나 이상 가지고 있는 '가비'는 보온효과가 탁월하다. 그 밖에 농작물, 가축, 생활필수품 등이 토요시장에서 판매되고 있다.

랄리벨라는 고산지대라서 과일 등이 아주 비싼 편이다. 이곳은 레스토랑에 가도 에티오피아에서 그 흔한 천연과일 주스 구경하기가 힘들다. 그러나 토요시장에서는 오렌지, 바나나 등을 일반 가게에서보다 저렴하게 구입할 수 있다. 본래 토요시장은 말 그대로 토요일에만 열렸는데 요즘은 다른 날에도 소규모로 장이 선다.

에티오피아 사람들도 한국 사람들처럼 고춧가루를 먹는데 랄리벨라의 토요시장에는 한 구역 전체에서 고춧가루를 팔고 있었다. 어찌나 매운지 이곳을 통과하는 내내 기침을 해야 했다.

주민 대부분이 에티오피아 정교회 신자이기 때문에 그리스도의 세례를 기념하는 팀캇 페스티벌이나 크리스마스 행사 또한 랄리벨라에서 해마다 성대하게 치러진다. 이러한 화려한 행사와 페스티벌, 그리고 어디에서도 볼 수 없는 암굴교회군으로 랄리벨라는 오늘날 순례자와 관광객들의 발길이 끊이지 않고 있다.

하라르

하라르Harar는 에티오피아의 9개의 주州 중에 하나인 하라리 주의 주도이다. 2006년 유네스코는 하라르의 도시 전체를 세계문화유산으로 지정했다. 성벽의 도시라고 할 수 있는데 총 5개의 게이트(아숨Assum, 아스마인Asmaddin, 베드로Bedro, 수쿠탓Suqutat, 아르고브Argob)가 있다. 도시 안에 이슬람교의 모스크가 90여 개 있으며, 에티오피아 정교회 교회도 약 10개 있다. 하라르는 이슬람교 4대 성지 중 하나로 무슬림 신자들에게는 중요한 순례지이기도 하다. 도시는 크게 올드 시티와 뉴 시티로 나뉘어 있

하라르 골목

하라르 풍경

고 볼거리는 올드 시티에 많다. 에티오피아의 마지막 황제인 하일레 셀라시에 황제의 아버지의 출신지가 이곳인데 올드 시티에 가면 황제가 궁전으로 사용했던 건물이 아직 남아 있다.

프랑스 시인 랭보가 시 쓰기를 멈추고 아프리카 어딘가로 떠났다는 이야기는 문학에 관심있는 사람이라면 한 번쯤 들어봤을 텐데, 랭보의 아프리카 행선지가 바로 이 하라르이다. 하라르에서 랭보는 11년간 무기 거래상을 하며 엄청난 돈을 벌었다고 한다. 랭보가 밀매한 무기로 에티오피아가 이탈리아와 싸워 이긴 전투가 아도와 전투이다. 아프리카에서 강대국을 상대로 싸움을 해 이긴 건 이 전투가 유일하다. 에티오피아는 이 승전의 날을 매년 공휴일로 기념하고 있다. 올드 시티에는 랭보 박물관이 있는데 사실 랭보는 이 건물에 산 적이 없다. 현재 프랑스 정부는 랭보 박물관을 중심으로 하라리 문화개발 프로젝트를 진행중이다. 그러나 자문화 우월주의가 극심한 프랑스다 보니 관광안내 책자를 프랑스어로만 제작해 배포하고 있다. 게다가 아무리 에티오피아가 개발도상국이긴 하지만 한 나라의 문화를 개발하겠다는 발상은 아주 위험해 보이기까지 하다.

하라르에 유명한 게 몇 가지가 있는데 그 중 하나가 커피다. BBC 다큐멘터리에서 스타벅스의 커피 커퍼가 커피 맛을 보고 세계 최고라고 엄지손가락을 치켜 올린 후 브랜드를 보여주는데 에티오피아의 하라르산 커피였다. 현지에서 커피 1킬로그램은 80~90비르 정도 거래되고 있었다.

처음 하라르에 갔을 때 방문 목적은 하라르의 문화유산을 활용한

하라르 구시가지 전경

관광개발이었다. 그러나 정부기관에서 일하는 사람들도 세계문화유산의 의미를 잘 몰랐고, 대부분의 주민들 또한 유네스코가 뭔지도 몰랐다. 살고 있는 지역주민이 모르는 내용으로 무슨 관광개발 프로젝트냐, 하는 생각에 연구를 접었고, 그때 발견한 것이 커피였다. 전체 생산량의 절반 이상이 국내에서 소비될 만큼 에티오피아 사람들은 커피를 즐겼다. 하라르에서는 고품질의 커피가 생산되고 있었고, 커피를 이용한 투어리즘이 세계문화유산을 이용한 투어리즘보다 더 설득력이 있어 보였다. 내가 10년 넘게 진행한 커피 투어리즘 연구는 그렇게 시작되었다. 커피 투어리즘이라는 틀에서 하라르를 다시 들여다보니 하라르의 문화유산이 훨씬 더 잘 보였고 커피 투어리즘 연구는 그렇게 에티오피아 전 지역으로 확대되었다.

컬러풀
바빌레

바빌레Babille는 하라르에서 동쪽으로 차로 한 시간 달리면 도착할 수 있는 마을이다. 이곳을 방문해 보겠다고 주변 사람들에게 말하자 다들 특별히 볼 게 없다며 필자를 말리는 것이었다. 이에 굴하지 않고 꿋꿋

이 바빌레로 여행을 감행했었는데, 돌이켜 생각해 보니 역시나 갔다오기를 잘한 것 같다.

12인승 승합차를 개조해 스무 명은 너끈히 탈 수 있는 미니버스를 타고 먼지 구덩이 비포장 도로를 한참을 달렸나 싶었는데 정류장 표지도 없는 곳에서 무조건 내리란다. 그곳이 바빌레였다. 현지인들은 하라르에서 바빌레까지 편도 버스 요금으로 7비르(2008년 1월 기준)를 내고 다닌다.

작열하는 태양 아래 숨을 곳을 찾다가 갑자기 까뮈의 소설 『이방인』의 주인공 뫼르소가 떠올랐다. 살인충동을 느낀 건 아니었지만 삶에 대한 의욕이 꺼지는 느낌이 들었다. 그러다 시장통에 들어섰는데 그곳에서 현지인들을 만났다. 전세계의 모든 시장이 다 그런 것처럼 그곳엔 사람이 있었고 삶이 있었다. 시장 입구에서 다시 살고 싶다는 생각이 간절해졌다.

바빌레는 오로미야의 180개 워레다$^{Woreda 혹은 Wereda}$(에티오피아 지방정부의 행정구역 단위) 중의 한 곳으로 지명은 오로모 바빌레 민족에서 유래했다고 한다. 이곳은 특히 온천과 미네랄워터가 유명하다. 이곳에 사는 12개의 소수민족 중 오로모족의 비율이 높아서인지 오로모족 특유의 치마 입은 남자들의 모습이 눈에 많이 띈다. 인구는 2만이 채 안 된다고 하는데 유목민족이 많기 때문에 통계는 어디까지나 통계일 뿐이다. 눈에 띄는 특징이라면 무슬림이 많고 여성들의 의상이 굉장히 화려하다라는 점. 시장에 팔려고 내놓은 옷감들을 보면 눈이 부실 정도다. 에티오피아 어디를 가나 컬러풀한 이미지가 강했는데 바빌레에

바빌레 낙타시장 가는 길

컬러플 바빌레

낙타 젖을 팔고 사는 바빌레 사람들. 이곳에서 낙타 젖은 음식으로서뿐만 아니라 약용으로도 사용되고 있었다. 머리가 아프면 머리에, 배가 아프면 배에 낙타 젖을 바르면 낫는다고 이곳 사람들은 믿고 있다.

바빌레 소녀. 바빌레의 시장통에서 이 소녀를 만났다. 첫 번째 셔터를 누를 때 표정이 너무 무뚝뚝해서 다시 한번 '스마일'을 부탁했는데 뜻밖에도 금니를 살짝 보여줬다.

도착하고 나서 컬러풀 넘버 원 자리는 바빌레에 넘겼다.

바빌레에서는 평일에도 노상에서 낙타를 구경하는 일이 어렵지 않지만 월요일부터 목요일에 시장에서 낙타를 사고파는 장이 서기 때문에 이 날 시장에 가면 낙타 구경을 실컷 할 수 있다. 그리고 노란색 플라스틱 통이나 뚜껑이 있는 은색 깡통을 흔들면서 돌아다니는 사람들을 많이 볼 수 있는데 이들은 다름아닌 낙타 젖을 사려는 사람들이다. 이곳에서 낙타 젖은 음식으로서뿐만 아니라 약용으로도 사용되고 있었다. 바빌레판 '빨간약'이라고 해야 하나. 머리가 아프면 머리에, 배가 아프면 배에 낙타 젖을 바르면 낫는다고 이곳 사람들은 믿고 있다.

이곳에서 마차 비슷한 걸 타고 다시 7킬로미터 정도를 가면 현지인들이 아주 자랑스러워하는 에티오피아판 흔들바위(혹은 남근석)를 구경할 수 있다. 바위 하나에 작은 바위가 얹혀 있는 형상인데 이탈리아 침략기에 이탈리아군이 위에 있는 작은 돌을 떨어뜨리기 위해 발포를 하는 등 갖은 애를 다 썼는데도 실패했다고 한다. 산 전체가 바위덩어리로 이루어져 있다. 이곳이 소말리아 국경과 가까워서 그런지, 가는 도중 에티오피아군의 주둔지도 눈에 띄었다.

　　　　　　　　다시 10년을 준비하는 마음으로

10년간 해외에서 유학생활 하면서 내가 만난 한국인들에게 제일 많이 들은 질문이 "에티오피아 그거 공부해서 밥 먹고 살 수 있어?"였다. 현지인들에게 제일 많이 들은 질문은 "한국인이 일본에서 왜 일본이나 한국을 공부하지 않느냐?", "한국인이 영국에서 왜 영국이나 한국이 아닌 에티오피아를 공부하느냐?"였다. 일본인들이나 영국인들에게는 한국의 아프리카 지역연구 환경이 만족스럽지가 않아서라고 하면 그만이었다. 그러나 한국인들의 질문에는 그때도 명쾌하게 대답할 수가 없었고, 지금도 누가 그런 질문을 던지면 "밥 먹고 사는 데 문제없다"라고 자신있게 대답을 못하기는 마찬가지이다. 박사학위를 마치고 많은 우여곡절 끝에 대학의 연구소에서 연구활동을 시작했지만 앞으로도 내가 뒤돌아보지 않고 계속해서 에티오피아에 대한 관심을 이어갈 수 있을지 모르겠다.

　일본 교토대학에는 이 책에 소개된 가짜 바나나인 '엔셋'을 30년 이상 연구하고 있는 시게타 마사요시重田正義 선생이 있다. 에티오피아 연구에 관한 한 일본에서뿐만 아니라 에티오피아 학계에서도 권위자인데 그는 불편한 몸을 이끌고 매년 현지조사차 에티오피아를 방문한다.

　연구를 시작할 때만 해도 10년, 20년 넘게 에티오피아에 관해 연구를 해야지, 라는 생각은 안 했는데 자꾸만 연구를 포기해야 하는 상황에 직면하면서 요즘 욕심이 생긴다. 이 분야에서 30년 넘게 연구를 지속한 후 누군가가 이 분은 에티오피아 커피만 30년 이상 연구하신 분이라고 소개하면 행복할 것 같다는 생각을 하고 난 후인 것 같다.

　논문을 쓰면서 학계와 의사소통하는 일도 중요하지만 일선에서 가장 먼저 알게 된 정보를 이렇게 책으로 출판해 대중과 소통하는 일도 의미가 있다고 생각한다. 10년간 에티오피아를 여행하고 연구하고 경험해서 이렇게 한 권의 책을 만들어냈고, 다시 10년을 준비하는 마음으로 연구에 임하려고 한다. 많은 사람들의 도움으로 나오게 된 이 책이 부디 에티오피아에 관심 있는 분들에게 유용했으면 하는 바람이다.

윤오순 이화여대 철학과를 졸업하고, 에티오피아 커피투어리즘을 주제로 일본 히토츠바시대학(一橋大學) 사회학과에서 석사를, 영국 엑시터대학(University of Exeter) 지리학과에서 박사학위를 취득했다. 공연, 축제, 관광 등 문화예술 분야에서 기획자, 컨설턴트 등으로 일했으며, 현재 한국외국어대학교 아프리카연구소에서 HK연구교수로 재직하고 있다. 지은 책으로『공부 유랑』,『녹색의 꿈 문화의 미래 – 특성화로 성장하는 지역사례 40선』(공저),『서울 발견』(공저) 등이 있다. 동아프리카 커피투어리즘, 커피 문화, 아시아–아프리카 관계 등을 주제로 연구하고 있으며 아프리카 문화, 에티오피아, 커피 등을 주제로 대중강연도 활발히 하고 있다.

커피와 인류의 요람, 에티오피아의 초대

1판 1쇄 펴냄 2016년 11월 30일
1판 2쇄 펴냄 2018년 11월 30일

지은이 윤오순
펴낸이 정성원 · 심민규
펴낸곳 도서출판 눌민

출판등록 2013. 2. 28 제25100 – 2017 – 000028호
주소 서울시 마포구 월드컵로10길 37, 서진빌딩 401호 (04003)
전화 (02) 332 – 2486   팩스 (02) 332 – 2487
이메일 nulminbooks@gmail.com

Text & Photos ⓒ 윤오순 2016

Printed in Seoul, Korea

ISBN 979 – 11 – 87750 – 03 – 1 03930

• 이 책은 한국출판문화산업진흥원 2016년 우수출판콘텐츠 제작 지원 사업 선정작입니다.
• 이 책의 국립중앙도서관 출판예정도서목록(CIP)은 서지정보유통지원시스템 홈페이지(http://seoji.nl.go.kr)와 국가자료공동목록시스템(http://www.nl.go.kr/kolisnet)에서 이용하실 수 있습니다. (CIP제어번호: CIP2016028989)